新股市絕學③

主力在說話

東 山 著

大秦出版社

1

李亢和律師免費法律諮詢服務
重要啟事

　　本社特聘李亢和律師為法律顧問，提供免費法律諮詢，您有任何法律問題皆可撥打免費

諮詢專線(02)22127914 或將問題寄至

E-Mail： lee_predator@yahoo.com.tw。

諮詢時間：每週二、四下午兩點至五點

（諮詢前請先來電預約）

諮詢事項：

　　(1)一般買賣、租賃、贈與、借貸、僱傭、承攬、委任、保證(作保)等。

　　(2)共有土地買賣、分割等。

　　(3)結婚、離婚、認領、收養、監護、扶養、繼承遺產、拋棄繼承、法定限定繼承、遺囑等。

　　(4)本票(本票裁定)、支票、背書、保證。

　　(5)車禍及各種損害賠償。

　　(6)起訴、調解、簡易訴訟、小額訴訟、上訴、抗告、再審、支付命令。

(7)強制執行：動產之查封、拍賣、變賣、不動產之查封、拍賣、強制管理、點交、假扣押及假處分。

東山重要消息

東山已於 2011 年 1 月起推出更上一層樓
的全新教學課程：**進階班 盤中實戰學**
詳細課程內容請看本書 p.5～8。

原「**股市絕學實戰教學**」基礎班，仍持續
開課，詳細課程內容請看本書 p.9~12

課程開課時間及報名方法隨時於網站公佈。

ps.有關作者東山所有重要消息如：開課、
　　招生時間、出書、作品發表、受訪……
　　均會於大秦出版社網站公佈

大秦出版社網址：www.da-chin.com

東山 2011 年 1 月起將推出全新教學課程

進階班 盤中實戰學／東山主講

壹、股市贏家七大法

1.順勢藉勢不逆勢

  a.多頭行情

  b.空頭行情

  c.盤整行情

2.快速轉換思考邏輯

  a.空轉多

  b.多轉空

3.永遠盯緊老大的動向

4.從線型選股

5.非強勢股不買

6.精準調配資金——

  小量試溫做對加碼

7.由盤面找切入點——

  來得早不如來得巧

貳、怎麼做功課？

參、如何解讀線型？

1.如何判斷多頭行情

  盤頭不成反成底

2.如何判斷空頭行情

  盤底不成反成頭

3.如何判斷盤整行情

  盤底盤頭皆不成

肆、股市陷阱

1.多頭市場的空頭陷阱——

  回檔

2.長多股之拔檔點

3.飆股之賣點①長黑收盤

4.飆股之賣點②不收最高

5.飆股之賣點③不按例開最高

拾玖、尾盤加掛的意義？

貳拾、主力的盤中陷阱

報名方法
招生名額：35 名
上課費用：22,400 元
開課日期：網站公佈
上課時間：每星期六下午 1：30 至 5：30
　　　　　連續四週／共 16 小時
上課地點：台北市忠孝西路 50 號 21 樓之三
　　　　　(台北車站正對面／大亞百貨大樓)
主辦單位：大秦出版社
聯絡電話：(02)2211-7491
傳　　真：(02)2211-7493

網　　址： www.da-chin.com

股市絕學實戰教學/基礎班

為什麼買了就套？

該跑時又不知跑？

為什麼多頭時總賺不到什麼錢？

空頭時還執迷不悟多單抱牢？

為什麼老是望飆股興歎？

而總與牛皮股緣不盡情未了？

為什麼老是選錯了邊？

讓財神爺不肯多看我一眼？

與東山分享私房股市心法

從此揮別股市魯肉腳生涯

第一單元　諸葛亮兵法 —— 懂就贏的七大戰略

勝兵先勝而後求戰，敗兵先戰而後求勝 / 孫子·形

壹：股市諸葛亮

貳：股市投資八大迷思

參：股市唯一的老大 — 大盤

肆：財神爺在哪裡？ — 什麼才是好股票

伍：敵一動我先動 — 抓住第一進場時機

陸：技術面決定中長線多空 — 業績只是參考

第四單元　順勢藉勢 — 如何探底摸頭

善戰者，求之於勢，不責於人 / 孫子・勢

第五單元　多空行情的聚寶盆 — 飆股操作學

善攻者，敵不知其所守；善守者，敵不知其所攻 /
孫子・虛實

壹：看盤的四個絕招

貳：判斷個股盤中強弱勢五大法

參：盤中選股 — 漲停板操作學

肆：如何從線型找大飆股

伍：飆股一定買得到

陸：績優股操作法

柒：如何甩掉致敗基因

捌：股市輸家七大病

報名方法：請電洽大秦出版社

電話：(02)22117491

傳真：(02)22117493

小班制　每期只收 35 名

上課時間及地點：網站公布

網址：www.da-chin.com

上課費用：28,000 元

上課時間：每星期六下午 1:30 至 5:30 共五週/20 小時

新股市絕學③　－主力在說話－　目　錄

法人盤與主力盤

所謂法人盤，最簡單的講法，就是法人積極站在買方的盤。

法人只接不拉

然而，通常法人的操作，雖然站買方，且大量買進，卻往往只是接而不拉。所以，個股中，即使有法人大量買進，指數也會有一定程度的漲幅，但通常不會大漲、大飆。

不僅如此，就大盤而言，指數可能越推越高，但個股卻很難看到俐落且大幅度的上揚走勢，講起來，其實很難操作。

不妨以實例來說明。

請看圖Ａ大盤日Ｋ線圖：

大盤在 99 年 1 月 19 日於 8395 成頭回檔以後，進入了一個為期四個月的盤整，並於 7032 觸底後再形成反轉，又連續走了一波約八

14

個月的多頭，最高來到 100 年 1 月 4 日的 9046（100 年 1 月 11 日前）。

一個法人盤實例

請特別注意 99 年 12 月初以後的這段走勢。整體而言，原則上呈多頭格局，但很微妙的卻是，屢屢出現假穿頭，造成的結果是，行情走多，均線也呈全多排列，但在個股方面，則是強勢股只有一、二天行情，好點的是高檔盤整，差點的，則是立刻拉回。

為什麼會這樣？

因為主力不認同法人盤，因此不願介入。主力不願積極進場，所以，不易有大漲股，而強勢股因無法持強，以致散戶也不願跟進，這是行情雖走多，但進場投資人易賠難賺的原因。

個股強勢期短

請看圖 B 遠雄港日 K 線圖：

99 年 12 月 31 日天（圖中☆所指處），大盤走勢不差，上漲 64 點。遠雄港順勢藉勢，於 11 點 30 分，盤中急拉，自 32.2 元，於五

[5607] 遠雄港(日)　時間 14:30:00　買進 32.50　賣出 32.60

力道K線圖　B

28.20

99/6　　7　　8　　9

成交張數

18

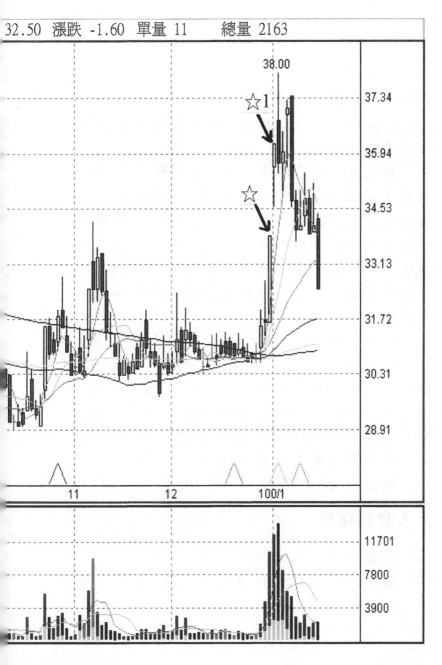

分鐘內急拉漲停鎖死（這部份請讀者自行參看其五分鐘走勢圖），從盤中走勢來看，主力介入跡象極明顯。

第二天，大盤持續走多，又上漲了52點，遠雄港又順勢拉出漲停（圖中☆1所指處）。請特別注意這天的技術現象，已突破了該股近一年內的所有高點。就技術面而言，個股突破盤局，且又是整整近一年的盤局，不但創新高，且又沒留上影線，代表的意義理應是多頭走勢啟動矣！

然而，出人意料之外的是，第三天的遠雄港，在衝高至距漲停只有0.7元差距的38元後，立刻被壓了下來，當日收黑，下跌0.5元，並留下了一根1.2元的長上影線。而當天的大盤並不算特別差，只小跌了28點，但遠雄港卻一反常態，走勢弱於大盤。

為什麼會這樣？

法人盤的確認

因為這是個法人盤。

因為法人盤雖然指數也會上漲，但就是走

20

的溫溫吞吞,拖泥帶水的。這種穿頭慣性不明確的盤,本來就沒什麼好期待的。再回頭看圖B遠雄港日K線圖,強了二天半(半是指38元那天,只強了半場)後,走勢又轉弱,已經又快要把先前的漲幅跌完了。這就是法人盤的特色,沒什麼好奇怪的!讀者們在實際操作時,一旦發現強勢股很難持續強勢,而指數卻小碎步上揚,且法人又不斷買超時,就應當警覺,這是個法人盤,既是法人盤,就別介入太深,以免吃力不討好。

最後,再提供一種確認法人盤的簡單的方法。

請看圖 C 漲跌幅排行榜:

100 年 1 月 11 日,當天大盤大漲了 113 點(見圖 A☆所指處),但漲停家數,上市、上櫃加起來,不過 32 家。非但如此,這天漲停的個股,八成以上,第二天、最多第三天,立刻軟了下來。讀者們不信的話,不妨把圖中所有個股一一檢視一下,便知所言不虛。

主力盤的特性

C

股票別	買進	賣出	成交	漲跌	總
東　林	42.25	43.00	43.00	+15.00	1,6
歐買尬	158.0	160.0	160.0	+40.00	9
奕　力	83.1	83.3	83.2	+19.20	3,1
研　勤	43.65	43.70	43.70	+8.70	1,8
中泰山	10.70	-	10.70	+0.70	13,7
台　郡	58.1	-	58.1	+3.80	10,8
互　億	8.72	-	8.72	+0.57	4
美　時	47.50	-	47.50	+3.10	5
大　立	33.80	-	33.80	+2.20	1,3
今國光	56.9	-	56.9	+3.70	34,4
富　驊	6.62	-	6.62	+0.43	5
昇　銳	23.10	-	23.10	+1.50	1,5
富　旺	22.35	-	22.35	+1.45	
科　風	69.4	-	69.4	+4.50	30,5
磐　亞	22.40	-	22.40	+1.45	5,6
達　能	52.7	-	52.7	+3.40	4,2
台　端	40.35	-	40.35	+2.60	3,0
卓　韋	35.70	-	35.70	+2.30	2
建　台	2.64	-	2.64	+0.17	6
可　成	116.5	-	116.5	+7.50	23,8
日月光	34.20	-	34.20	+2.20	65,8

加權8931.36(+113.48)1314.04億,買11,127,

票別	買進	賣出	成交	漲跌	總 量
磊	30.35	-	30.35	+1.95	4,965
博	18.70	-	18.70	+1.20	1,600
捷	22.60	-	22.60	+1.45	755
強	5.62	-	5.62	+0.36	42
德	42.90	42.95	42.95	+2.75	8,042
聯	18.75	-	18.75	+1.20	59
微	124.5	125.0	125.0	+8.00	1,056
商電	17.40	-	17.40	+1.10	2,950
漢	111.0	-	111.0	+7.00	1,858
創達	13.50	-	13.50	+0.85	1,003
騰	2.55	-	2.55	+0.16	158
電網	15.15	-	15.15	+0.95	1,561
通	15.00	15.15	15.15	+0.95	424
大	11.85	12.00	12.00	+0.75	2,513
緯	1.46	1.63	1.63	+0.10	17
豪科	3.16	-	3.49	+0.21	3
達	1.50	-	1.50	+0.09	28
異	87.7	87.8	87.8	+5.20	6,477
訊	43.00	44.75	44.70	+2.60	502
加	39.80	40.00	39.80	+2.30	53
眾控	11.75	12.20	12.25	+0.70	47

賣9,564,687,成5,139,514張,均張4.9

相對於法人盤，主力盤則乾脆痛快多了：

1. 大盤走勢明快俐落，穿頭慣性明顯。
2. 不但指數漲，且每天總有近百家，甚至百家以上個股漲停板，不但好操作，且容易賺錢、賺大錢。
3. 強勢股持強。

請看圖D大盤日K線圖：

圖中96年6、7二個月的走勢，清楚明快，穿頭慣性明確，和圖A的走勢對比，一樣都是多頭格局，但在個股表現方面，可就大異其趣了。

請看圖E農林日K線圖：

請注意圖中6月上旬至7月中旬的這段走勢：

1. 以強勢漲停開其端（圖中☆處）。
2. 漲升過程中，共有二次洗盤（盤中△所指處）第一次洗盤只花了二天，第二次則只有一天。
3. 除了洗盤期間外，其餘大多數時間，都以漲停演出。
4. 不但是漲停，且多數都是跳空漲停鎖

死，並有大量漲停掛進。

這樣的走勢，不但好操作——一開盤就漲停，且立刻鎖死——快速獲利，還賺得輕鬆愉快，不但輕鬆愉快，且又漲幅超大，一個半月左右的時間，自 7.71 元啟動，至 34.8 元才休止，漲幅高達 351%，主力盤的威力，由是可知矣！

力道K線圖 D

7306.07

96/2　　　3　　　　4　　　　5　　　　6

成交金額

26

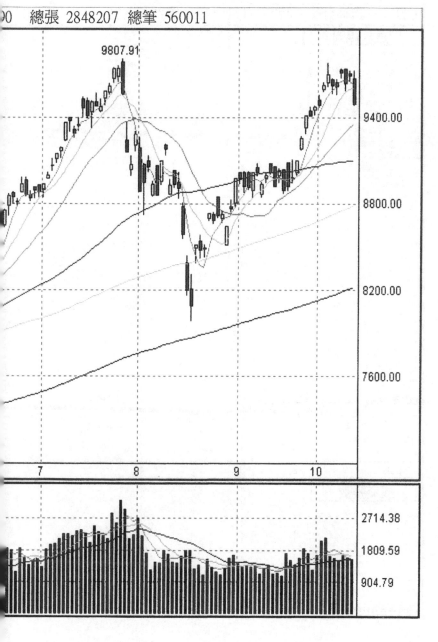

[2913] 農林(日)　時間 11:15:49　買進 20.35　賣出 20.40　成

力道K線圖　E

6.35

96/1　　　　　2　　　　3　　　　4　　　　5

成交張數

28

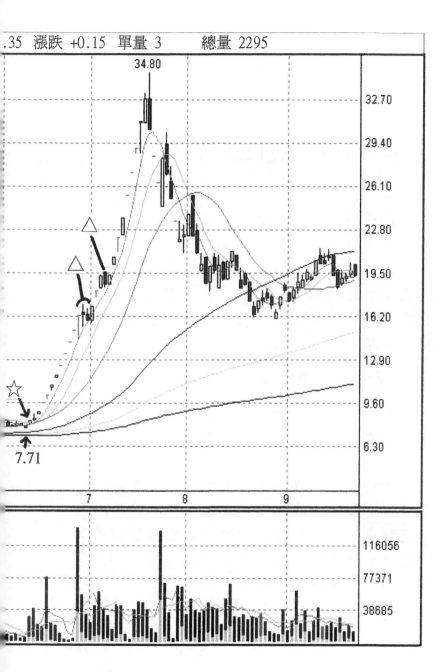

穿頭慣性操作法

所謂穿頭,是指價突破最近一波高點並站穩其上。這是股價開始走多的初訊。

但初訊畢竟只是初訊,不代表價將從此扶搖直上,因為有可能才剛穿頭,就立刻回頭,意思是說,只突破了一天,就被打了回來,形成假穿頭。

穿頭慣性即多頭行情

反之,若價一旦穿了頭後,又繼續穿頭,形成了所謂穿頭慣性時,就表示多頭行情來了。

價能穿頭,並形成穿頭慣性,最重要的意義是,讓最近一波乃至上上波被套牢的人解套。這就表示,多頭願意以更高的價格買進股票,這代表追價意願強,一旦多數投資人願意追價,行情自然易漲難跌了。

穿頭與穿頭慣性的觀察

請看圖Ａ大盤日Ｋ線圖：

97 年 11 月 21 日的 3955 這波最近的歷史低點出現之後，價陷入了一波長達三個多月的橫盤。橫盤期間，共出現了二次假穿頭：4658 突破前波高點 4567 後，第二天即拉回；4817 突破前波高點 4778 後，隔天即收長黑。

真正的穿頭，一直到 98 年三月初的☆所指處才出現。三月初之前，最近的波段高點是二月中旬的 4607，☆所指的這四天，收盤價都在 4607 之上，但這只是首度穿頭，是否形成穿頭慣性，還待觀察，以免又上了假穿頭的當。結果，☆結束後的第一天是來真的。☆這四天的橫盤，最高為 4688，旋即被隔天的 4798 突破。之後二天，價又攻上最高的 4923，又站上了 4817 這個 3955 以來的波段最高點，價連三次穿頭，穿頭慣性於焉形成。

穿頭慣性形成後的操作

搞清楚了什麼是穿頭，什麼是穿頭慣性後

31

力道K線圖　Ａ

4817

4778

4658

4567

460

3955.43

7/10　　　11　　　　12　　　98/1　　　2

成交金額

，實務上要如何操作呢？

第一次穿頭時，買進總資金的一成。不買太多的原因是，防止假突破而受重傷。

第二次穿頭時，證明第一次的做法是對的。做對了、賺到了，才可以、才值得加碼。

第三次穿頭時，不但證明前二次的操作正確，更重要的是，穿頭慣性形成，多頭行情宣告來臨，要怎麼加碼？該怎麼操作？就很清楚了。

有了大盤走多的保護，個股，尤其主力股，就會有極大的發揮空間。而操作方法，也是利用穿頭慣性。

穿頭慣性的確認

請看圖 B 皇翔日 K 線圖：

這是和圖 A 大盤同一時期的皇翔。

皇翔和大盤一樣，同一日在 8.83 元落底。在大盤的牽制下，皇翔陷入了橫向整理。由於行情一直到三月上旬才出現穿頭，所以，這期間內的皇翔，在 98 年 11 月下旬與 12 月上旬共有二波小反彈，但都不是適當的進場點。

8.83元底部出現之後，價展開第一波反彈至13.1元，由於不過最近的前高15元，自然不是買點。

13.1元之後，回檔整理了幾天，又出現第二波反彈至14.8元，還是不過15元，當然仍不宜進場。

14.8元之後，價又開始走空，期間雖仍有反彈，分別是13.65元及12.3元，不但不過14.8元，還越彈越低，仍然非進場點。

當大盤在三月初出現首度穿頭後幾天，皇翔的形勢也開始有了變化。

三月上旬，又從低檔的10.2元展開反彈至13.15元，首次突破最近一波高點12.3元，慣性開始改變了，該不該酌量進場呢？

進場前先看大盤臉色

這時候，關鍵在於大盤突破了沒有？

為什麼大盤這麼重要？

因為個股走勢，可以短期內自外於大盤，但中長期一定受制於大盤，極少例外。所以，當我們在操作個股時，一定要先看大盤是怎麼

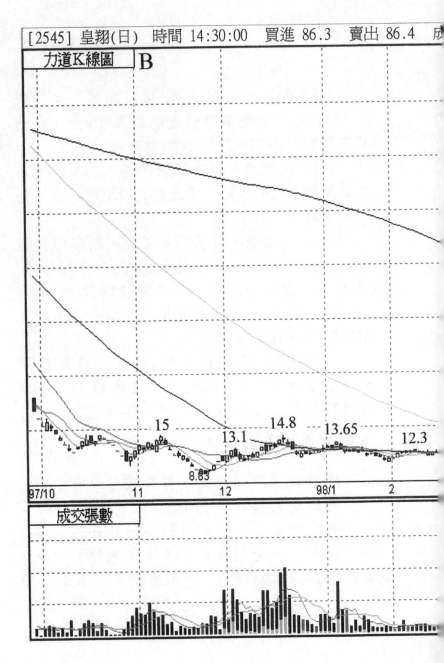

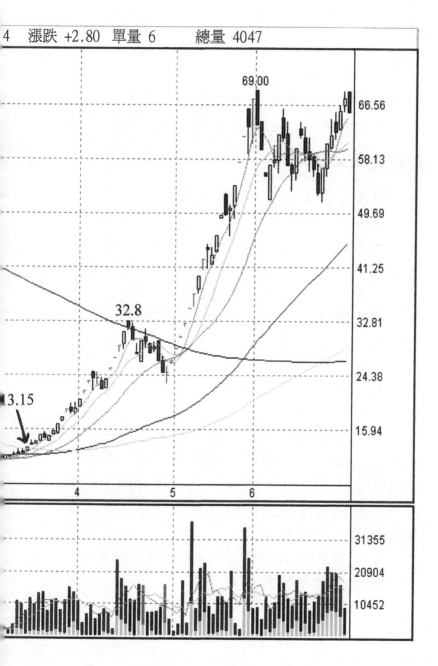

個走法，沒有大盤走多的支持，個股基本面再好、技術面再棒，也決走不高、走不長。

大盤突破才宜進場

回頭看圖 A，大盤已經突破。既如此，當然就進場了。事實上，13.15 元從此不再出現，且第一波先來到 32.8 元，漲幅 108%，第二波強攻至 69 元，總漲幅高達 424%。最高來到多少，讀者們就自己看它的週線圖吧！

穿頭慣性不僅適用於行情由空轉多之時，更適用於平台整理。

請看圖 C 地球日 K 線圖：

圖中顯示，地球在 96 年 1 月中旬起飆之前，已經過了一段長達半年以上的平台整理。平台整理就是盤局。盤局就是：價只在一個極狹小的區間游走。碰到這種技術線型，只要大盤還在多頭行情中，個股一旦出現穿頭，尤其是漲停板式的穿頭，不必等穿頭慣性，趕快進場就是了，原因有二：

a.大盤在多頭行情時，技術面好的個股，一旦穿頭，就很容易形成慣性。

b. 平台整理的個股，整理期越長，爆發力越強，不及時進場，就越難買得到。

　圖中顯示，地球共有二個進場點，☆①及☆②，☆①隔天跳空漲停鎖死，第三天開高走低，雖然不是太大的行情，但至少可賺到一支漲停，反應快的話將近二支。☆②可就不一樣了，當日以漲停價（也是買進價）9.19元宣示啟動後，一口氣攻至29.4元，一個月時間內，漲幅近220%。

　股市操作，有點像醫生治病。

　所謂好醫生，就是能用最短的時間、花最少錢、最簡單且最沒有副作用的方法，把病治好。股市操作一復如此，股市變化，不是漲就是跌，要嘛盤，知道勢怎麼走，操作就順利。而最簡單好用的，就是穿頭慣性法。

力道K線圖　C

6.50

95/7　　　　　8　　　　　9　　　　　10

成交張數

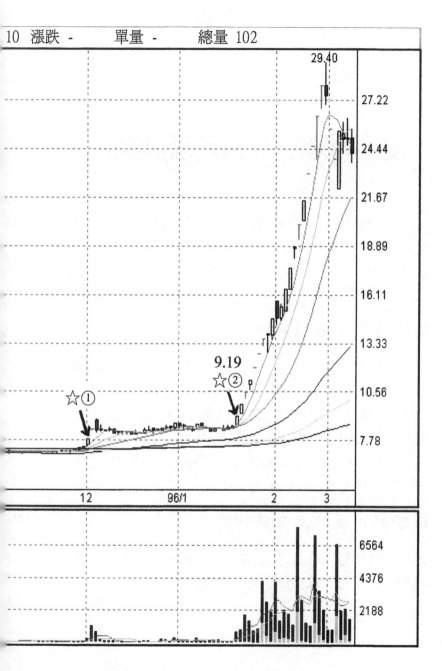

如何消除主力飆股恐懼症

一般人對主力飆股最主要的直接觀感，就是投機。因為投機，所以，漲起來很兇，跌起來更慘，很容易讓人「大敗虧輸」，因此多半只敢看不敢玩。

能飆會跌才能賺大錢

任何東西都是一體兩面。主力飆誠然飆漲狂跌，為何不想辦法享受飆漲？避開狂跌呢？抑有進者，飆漲誠然能讓人賺錢、賺大錢，狂跌時，又何嘗不是撈銀子良機呢？

多數曾被主力飆股修理過的人，最常犯的一個錯誤，是選錯進場時機。

飆股只出現於大多頭行情

請注意，絕大多數飆股都只會在明確的多頭市場出現。反過來說，再兇悍的飆股，一旦

碰到空頭市場，也會變成「豎仔」。所以，一旦在空頭市場買投機主力股，不被痛宰才怪呢！

請看圖Ａ大漢日Ｋ線圖：

大漢一直以來，都是支主力色彩濃厚的個股，股性極其活潑，漲起來一發不可收拾，跌起來亦然。

圖中94年11月至12月底這波攻勢，價自7.6元左右啟動，注意它在攻擊時，一定是強勢漲停，這種強勢代表它是檔主力股，就因為有主力強力介入，才能在短短二個月內大漲近400%左右。

然而，大漢憑什麼大漲？大飆？

憑的是行情走明確的多頭及技術面上的優勢。

請看圖Ｂ大盤日Ｋ線圖，並與圖Ａ的大漢對照觀察。

大漢的起漲點（也是波段低點）7.6元，正好是行情波段低點5618，當行情來到6797，波段高點時，大漢也同時來到波段高點38.4元。

力道K線圖　A

7.60 (5618)

94/8　　　　9　　　　10　　　　11　　　　12

成交張數

44

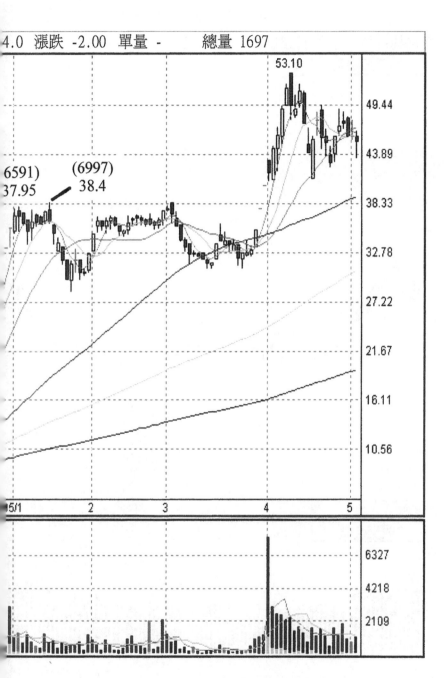

力道K線圖　**B**

5618.90
(7.6)

94/8　　　9　　　10　　　11　　　12

成交金額

當大漢來到 37.95 元時，行情來到 6591，並於三天後陷入盤整。

飆股憑藉多頭行情大漲

看到這裡，讀者們發現什麼了嗎？

大漢的上漲，全都在行情走多期間。

事實上，只要行情走多，就會冒出許多主力飆股來，大漲特漲一番。換言之，只要是在多頭行情中操作主力飆股，不但不會賠錢，還有機會賺大錢，有什麼好怕的呢？

真正該怕的，是行情走空之時。這種時候去做多主力飆股，就是跟財神爺過不去的大傻瓜。

請看圖 C 大漢 K 線圖：

大盤才是飆股的老大

一樣是大漢，怎麼從 97 年 6 月下旬到同年 9 月底，跌得這麼慘？

三個月的時間內，價自 18.5 元重挫至 4.13 元，跌幅 77.6%，而且後半段跌勢還幾近崩盤呢！

答案還是在大盤。

請看圖 D 大盤日 K 線圖：

大盤自 97 年 5 月 20 日的 9309 走空以來，一直到同年 11 月 21 日，才在 3955 止跌打底。

請對比同一時間內的大漢與大盤，就可以知道，大漢之所以大跌、慘跌，完全是因為大盤走空的關係。既如此，只要在空頭市場中別做多，尤其不操作主力飆股不就不會被痛宰了？沒錯！

進場點決定安危

在多頭行情中操作主力飆股，是致勝的不二法門。但請注意一點，一支飆股也許會一口氣連拉十幾二十根漲停，且在行情沒結束之前，誰也不知道會漲多少，但操作時請記住一點：

離起漲點越近的買點，利潤空間越大，風險空間越小；反之，離起漲點越遠的買點，利潤空間越小，風險空間越大。

所以，最聰明，也最安全的進場點，就是第一根漲停板。

力道K線圖　18.5

C

4.13

97/6　　　　7　　　　8　　　　9

成交張數

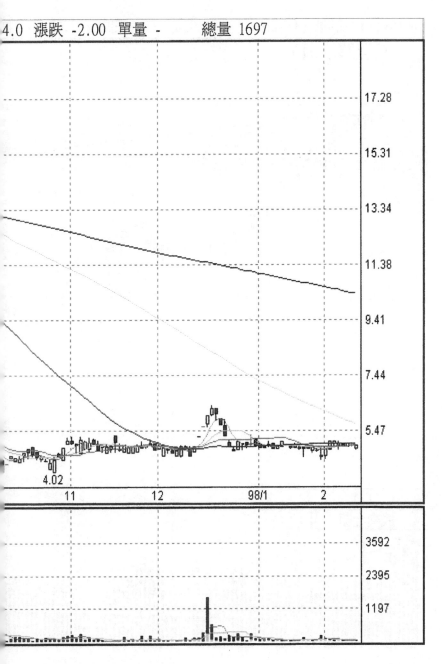

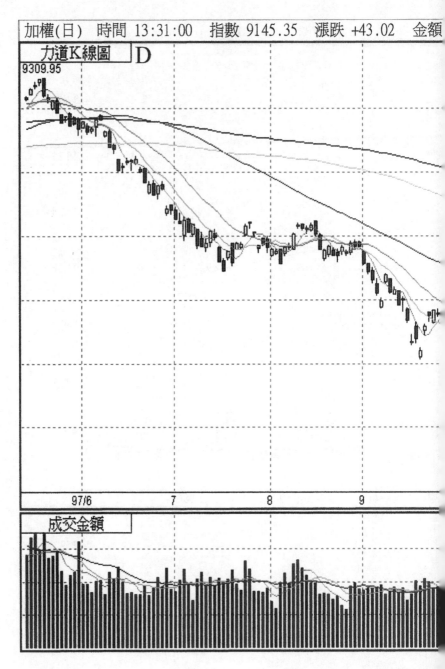

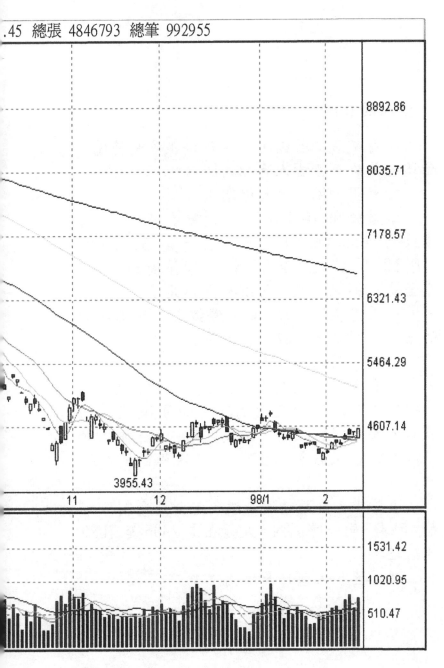

一般人的盲點

所有飆股的啟動，通常是以漲停開其端，但這也是許多投資人盲點之所在。

請看圖 E 協益日 K 線圖：

協益於 99 年 3 月 16 日啟動攻勢。當時的價格為 10.55 元（圖中☆所指處），至 100 年 1 月 10 日，已大漲至 64.8 元。從技術面上看，完全是一檔主力股，否則曷克臻此？

如果能在這一天，以漲停價 11.25 元買進的話，其利潤之可觀，自不待言。

然而，問題來了！

請看 10.55 元之前二個多月，價從 99 年 1 月中旬的 13.6 元至 2 月下旬的 9.09 元，一直走跌勢，跌幅 33.1%。這波空頭行情，往往會讓許多投資人認定，這是一檔不會漲的弱勢股。

事實上，協益這波走跌，完全是受制於大盤。因為，同一時間內，大盤在走 8395 至 7080 的短空。

請看圖 F 大盤日 K 線圖：

54

行情來到 8395 時，協益正好同步來到 13.6 元高點，7080 時，協益為 10 元。大盤反彈至 7502 時，協益才來到 9.09 元波段低點。

注意：協益自 10.55 元啟動時，大盤已自 7080 反彈至 7645，以短線而言，已進入多頭行情，協益遂自此大漲。第一波先攻至 20.5 元，漲幅近一倍。之後又分二波上漲至 32.3 元，總漲幅已超過 200%以上。

受到思考慣性制約

問題是，這是事後諸葛亮，很多人在 10.55 元啟動那一天，就算看到了，也未必敢進場，為什麼會這樣？

請看圖 G 協益五分鐘走勢圖：

圖中除了 2 月 25 日那天大漲之外，其餘時間，至 3 月 16 日行情啟動時，走勢都極為平凡。不僅如此，行情其實已自 2 月 6 日的 7080（參看圖 F）開始反彈，但整整 21 天（自 2 月 6 日至 3 月 16 日），協益相對大盤與其它個股，都呈弱勢，以致於 3 月 16 日（☆所指處）慣性改變那一天，投資人往往受到其以往經驗的

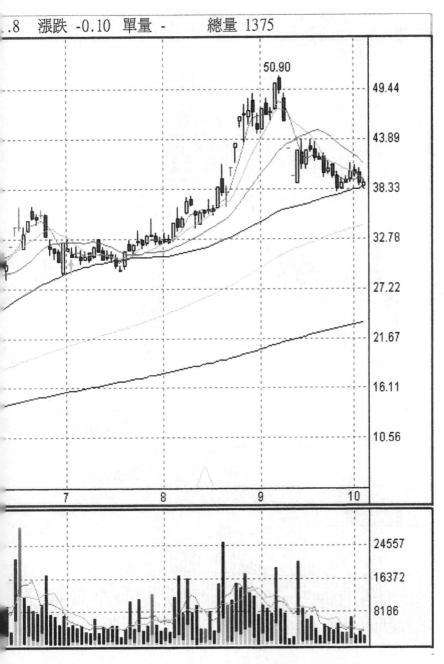

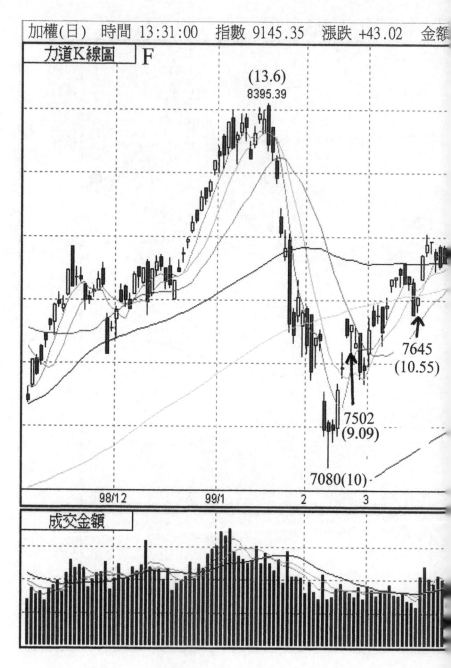

加權(日) 時間 13:31:00 指數 9145.35 漲跌 +43.02 金額

力道K線圖 F

(13.6)
8395.39

7645
(10.55)

7502
(9.09)

7080(10)

98/12   99/1   2   3

成交金額

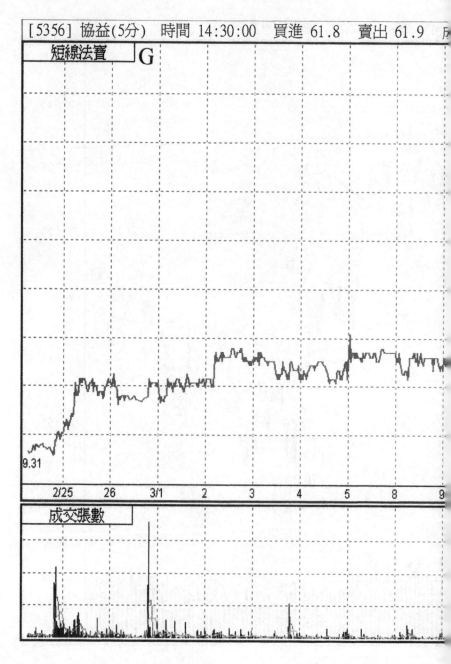

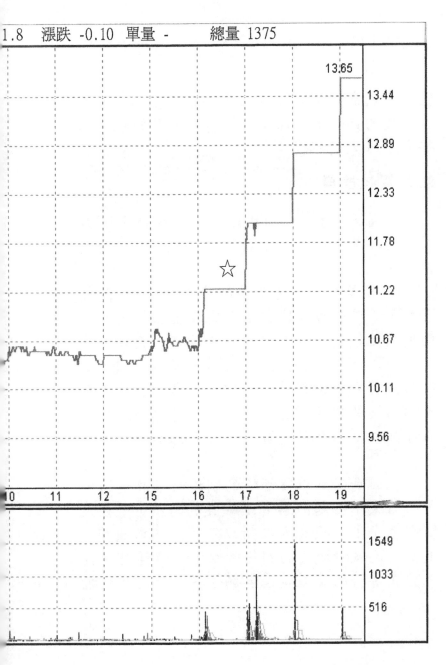

制約，認為這不過只是反彈而已，走不了太大、大久的行情的。殊不知，這天的強勢已和以往有了很大的不同：

注意慣性改變

a. 當天大盤漲了 60 點，漲幅不過 0.078%，只能算是小紅，但協益卻攻上漲停，呈絕對強勢。

b. 不僅如此，還早早於 9:40 攻上漲停鎖死。讀者們不妨細瞧它是怎麼攻上漲停的——盤中突地拔起，分二波像沖天炮般，直攻漲停。請注意，像這樣的走勢，通常代表主力進場，而且強勢介入的訊號。道理很簡單，散戶不會不約而同的以這種強勁攻勢，一起把個股拱上漲停且立刻鎖死的，否則，散戶也不叫散戶了！

就因為受到以往經驗的制約而不敢進場，因而錯失了在起漲點買進飆股的時機，實在太划不來了！而投資人之所以不肯、不敢進場，主要還是風險觀念的制約所致——這種投機股（其實當時的協益是憑業績上漲，而已非純投

機股矣），萬一買了就跌怎麼辦？

進場前先看支撐

　　要克服這個心理障礙，其實也不難，方法是，看它下檔支撐在哪裡？

　　回頭看圖 E：

　　10.55 元那天，若以漲停 11.25 元買進的話，根據股價運動慣性，正常情況下，第二天，理應開高走高，若是，則賺到了，賺到了就有抱股的籌碼，抱越久，就賺越多，這點不成問題。

買錯了認小賠砍

　　比較麻煩的是：

　　若第二天開高立刻走低呢？

　　那就立刻砍，運氣好還可小賺，頂多賣平盤，白忙一場而已！

　　若是開平走低，甚至開低走低呢？

　　那還是砍，至多至多賠一根停板。

　　如果第二天買，當天就被套了呢？

先找好停損點

二個停損點：

1. 10.55 元這天的漲停 11.25 元，這也是隔天的平盤價，盤中壓回一點平盤即出。

2. 以 10.55 元為最後停損，至多賠一根多停板。

事實上，上述二種可能性應不大，因為 10.55 元啟動那天，大盤行情已處於反彈式多頭矣。

非但如此，自 3 月初至 3 月 16 日啟動那天，協益在技術上一直處價穩量縮狀態。10 至 10.55 元支撐極強勁，除非行情又大幅拉回，否則，跌破機率不大，既如此，又有什麼好擔心的？

如果上述方法都不能解除對主力飆股的恐懼，不妨在上述原則上加上一條：

先買小量試作

先試著小量經營。

所謂小量，是指總資金的 5%到一成。

抱著這樣的心情──這點錢準備拿來輸光。而事實上，再怎麼不濟，如果不亂擴大投資金額，原則上，是不可能輸光的。

如果做對了，就會對操作主力飆股有信心，有信心就可放大投資成數，當多頭行情來的時候，就等著數鈔票了！

最後一個問題，抱了，帳面上也賺到了，但要怎麼落實呢？簡單講，主力飆股要怎麼賣呢？

飆股怎麼賣？

最簡單的方法是：慣性改變即賣。

請看圖 H 海德威日 K 線圖：

技術面顯示，海德威在 95 年 3 月至 4 月上旬，主力介入強力拉抬跡象極明顯，這段期間，共有三個賣點：

a. 圖中 56.4 元共有二天。前一天依慣例跳空漲停，盤中漲停打開又鎖住，根據價的運動慣性，前一天強勢的個股，隔天理應開高走高。但隔天卻開出平盤 56.4 元來，這是慣性改變，當然拔檔。

65

力道K線圖　H

31.00

94/11　　　　　12　　　　　95/1　　　　　2

成交張數

26.15 漲跌 +0.10 單量 -   總量 64

202.50

161
169

91.8

☆②

☆③
117

197.78

175.56

153.33

131.11

108.89

86.67

64.44

42.22

4   5   6   7

(202.5)
983

2998

1998

999

56.4 元回檔後，經過五天的整理，又於☆①那天攻上漲停，慣性又改變——由弱轉強，又買進。

b.91.8 元前一天，價跳空漲停 87 元，一價到底，勁道這麼強，第二天，理應跳空開漲停才是，不料卻只開出個上漲 5.5%的 91.8 元來，且開盤後即一路壓回，這是第二次慣性改變，當然拔檔了。

這一次的壓回只二天，價又於☆②這天，攻上漲停，於是又買回。

c.202.5 元的前一天，價跳空漲停，一價到底，似乎又要走一段噴出？沒想到，隔天開出漲停 202.5 之後，即開始下滑，全場呈弱勢，這又是慣性改變，當然賣了。

202.5 元成頭回檔後，一直壓到☆③處的 117 元才又開高走低攻漲停，慣性改變，又是買點了，此後又連攻三根漲停，直到最高的 161元。

161 元共二天，前一天走噴出，第二天卻又開出個平盤價 161 元，這又是慣性改變，立

刻執行賣出。由於此後,價未能再站上 161 元,169 元那天,盤中最高來到 169 元,但只是個假突破(收盤 153 元),假突破是不能買的,海德威的操作,至此告一段落。

　　事實上,主力飆股不但容易獲利,而且極好操作,因為它的走勢清楚明快,該漲就漲,該跌就跌,該整理就整理,投資人只要掌握其起伏的節奏,根本沒啥好怕的!

操作主力飆股的好處

　　一般績優長多股和主力飆股的共通點，就是會漲、會大漲。但最大的不同則是：

績優股會漲難賺

　　一般績優股大都隨勢而動，大盤漲亦漲、大盤回亦回，只要行情走多，肯定是長多格局。但細看其日Ｋ線，其實並不好操作，一不小心，就會被洗掉，雖然熬久了，也會漲，但往往是看得到，吃不到。

　　請看圖Ａ宏達電日Ｋ線圖：

　　說宏達電是上市、上櫃第一績優股，應該沒人會反對、能反對。而它的股價表現，確也顯示了其績優本質。以圖中 99 年 6 月 30 日的低點 412 元起算，至圖中波段最高 100 年 2 月 8 日的 999 元，漲幅高達 142.4%。而同一時間內的大盤（參看圖Ｂ），不過從 7255 至 9220，

漲幅不過 36.7%而已。二者相比，宏達電的強度，是大盤的 3.89 倍。

然而，這只是帳面數字，能完整落袋嗎？恐怕不容易！

績優股走勢不俐落

回頭看圖 A，宏達電較明顯的多頭漲勢，共有 ABCD 這四波，A 波自 412 元至 582 元；B 波自 581 元至 760 元；C 波自 618 元至 884 元；D 波自 846 元至 999 元。A 波漲幅 41.2%；B 波為 30%；C 波 43%；D 波 18%，四波總漲幅 132.2%。但這 132%也不是那麼好賺的，先決條件是：

a. 必須在這四波中，買最低，賣最高，但這是「神乎其神」的操作，實務上其難無比。

b. ABCD 這四波小多頭，走勢並不俐落，不是動不動陷入盤整，要嘛來根黑 K，很容易半路上就被嚇出來。

c. 圖中☆①與☆③都因受制於大盤（參看圖 B）而走橫盤，橫盤表多空暫時均衡，盤完了非漲即跌。但誰那麼有把握，盤完必漲？而在新起漲點立刻買進？恐怕很難。☆②則是明

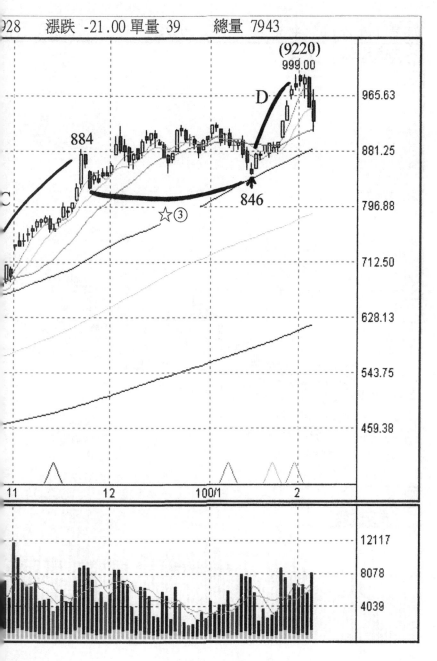

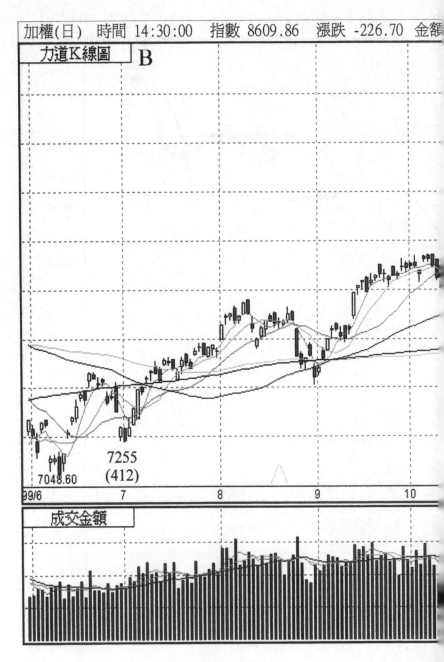

加權(日)　時間 14:30:00　指數 8609.86　漲跌 -226.70　金額

力道K線圖　**B**

7255
(412)

7048.60

99/6　　　7　　　　8　　　　9　　　　10

成交金額

74

顯大壓回，自 760 殺至 618 元，回幅 18.6%，誰這麼神？正好在 760 元拔檔，又在 618 元進場，完全避開了這波小空頭？非但如此，☆②這波壓回，走勢弱於大盤多多，誰又有把握，618 元非但是波段起漲低點，還可以再穿 760 元的頭？並再創波段高點 884 元？

　　以上三點，證明了即便是走長多的最績優股，即使有大盤持續走多頭的保護，也並不容易操作呢！

主力股漲起來痛快

　　但若是主力飆股，可就不一樣了！

　　請看圖 C 玉晶光日 K 線圖：

　　這是一張和圖 A、圖 B 完全同一時間的日 K 線圖。

　　光從日 K 線來看，自啟動點 97 元至波段高點 411 元，就可知道，這是一檔有主力照顧的飆股。圖中共有 ABC 三波漲升行情，比起宏達電來，漲勢是否俐落得多？也容易操作得多呢？不僅如此，就算回檔與整理，其幅度與時間，是否也小得多，短得多呢？

A 波自 97 年至 186.5 元，漲幅 92.3%。

B 波自 154 元至 279 元，漲幅 81.8%。

C 波自 237 元至 390 元，漲幅 64.5%。

288 至 411 元，乃至於今（100 年 2 月 11 日），已脫離技術分析的範圍，不在本文討論之內。

主力股易操作獲利高

三波總漲幅共 238.5%，比起宏達電總漲幅 142.4%或 ABCD 四波的 132.2%，都超出了許多。非但如此，不妨看二者走多頭時期的日 K 線，誰比較好操作？誰花的時間短？誰的獲利率高？就更清楚明瞭了！

大盤即便在明確的大多頭行情中，中間也會有整理或短暫的長黑拉回，甚至還會有較大幅度的回檔。但只要多頭行情還未結束，主力飆股一旦啟動，就可以表現出相對甚至絕對強勢，讓人輕鬆地抱股獲利，這可是一般個股，甚至績優股做不到的。

請看圖 D 地球日 K 線圖：

圖中地球分二波大漲。第一波自 96 年 1

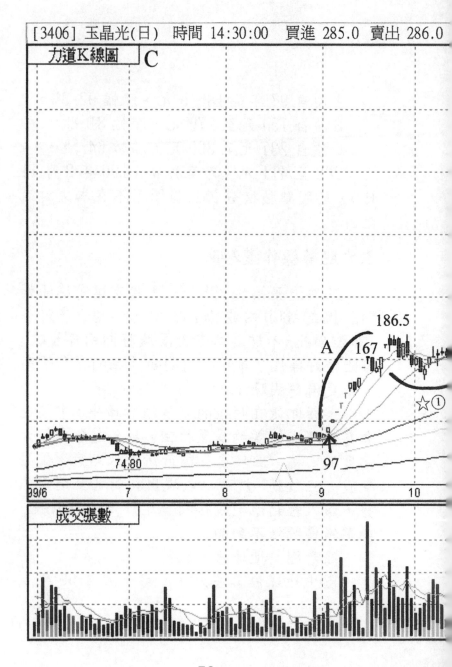

力道K線圖　C

186.5

A　167

☆①

74.80

97

99/6　　7　　8　　9　　10

成交張數

78

285.5 漲跌 -7.50 單量 -　　總量 2025

79

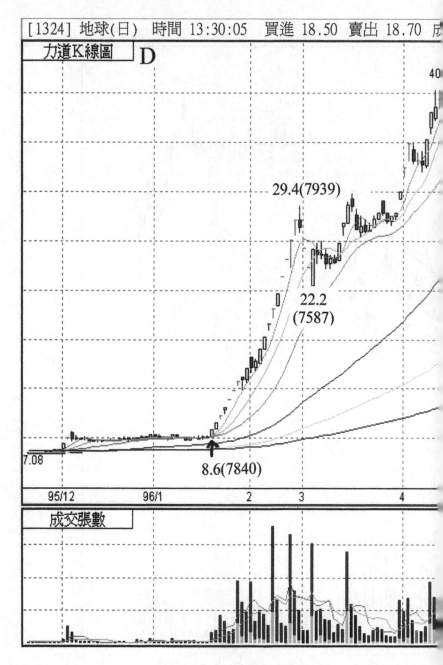

.70 漲跌 -0.30 單量 -　　　總量 143

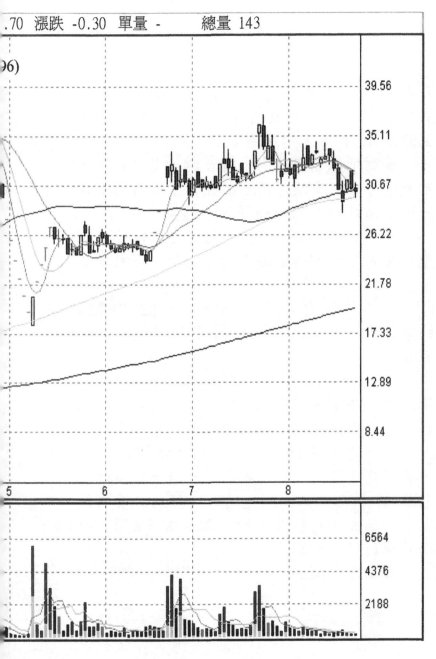

月 19 日的 8.6 元至同年 2 月 27 日的 29.4 元。漲幅 241.8%；第二波則自 3 月 3 日的 22.2 元上漲至 40.5 元，幅度為 82.4%。

看到地球這種走勢，讀者們一定以為這一定是主力在大多頭行情下的操作了？不妨檢驗一下，請看圖 E 同一時間的大盤：

地球自 8.6 元到 29.4 元這波主升段，大盤正陷入多頭行情的橫盤整理之中，指數只漲了 99 點，幾乎沒動。

即使在 22.2 元到 40.5 元這波 82.4%漲幅的末升段，大盤也不過自 7587 到 8096，只漲了 6.7%。

大盤於 7939 壓回至 7306 這波回檔中，一舉跌破了先前三個低點，但地球主力就是有把握，這只是個回檔，而不是回跌，不但展現相對強勢，而且絕對強勢地比大盤的 7306 領先一天落底（22.2 元），並重新展開一波強攻，直至 40.5 元方休。比起同一時間內的其它絕大多數個股，包括績優股，強勢太多太多了，而其原因只有一點：

有主力在照顧。

所以好操作多了！

您以為地球只是特例嗎？

不妨再看另一個「特例」！

請看圖 F 南璋日 K 線圖：

有媽的孩子是寶

　　毫無疑問地，這是一檔主力股，因為它很能漲。請對比圖 B 的大盤日 K 線圖。大盤自 99 年 12 月上旬起，即出現了指數緩步推升、法人頻頻大量買進、技術面呈多頭排列、但個股卻很少大幅漲升、錢很難賺的「法人盤」（關於這一點，請看本書「法人盤與主力盤」一文），南璋正好在這期間異軍突起，第一波自 19.7 元至 54.9 元，漲幅 178.6%；同一時間內的大盤，則只自 8684 至 9092，漲幅不過 4.69%，相去何以道理計？

　　值得注意的是，圖中最後四天的大盤，自波段最高的 9220，四天內急挫 646 點（低點 8574），跌幅高達 7%。反觀南璋，則自 50 元逆勢上揚至圖中最高的 64.1 元，漲幅 28%，為什麼會這樣？

力道K線圖　E

7939(29.4)

80

7840
(8.6)

7306(24.2)

7245.42

95/12　　　　96/1　　　　2　　　　3　　　　4

成交金額

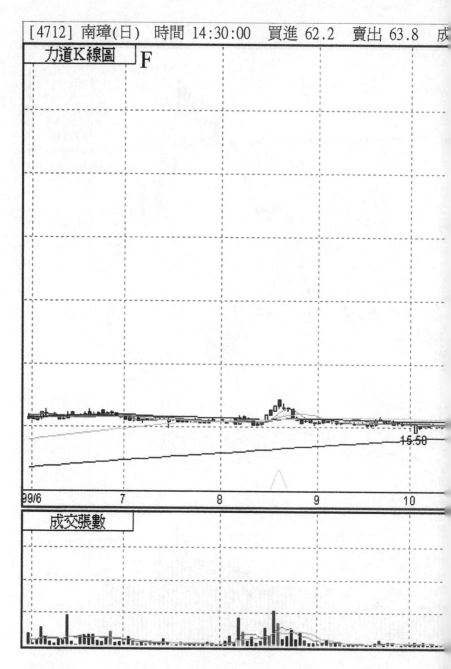

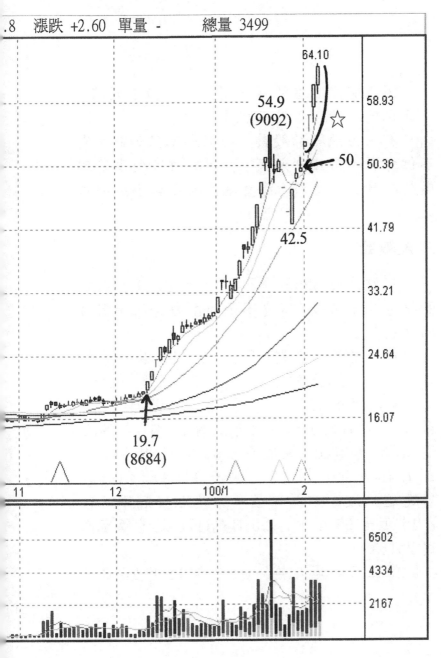

64.10

54.9
(9092)

☆

50

58.93

42.5

50.36

41.79

33.21

24.64

16.07

19.7
(8684)

11　　　　　12　　　　100/1　　　　2

6502

4334

2167

因為有主力在照顧，所以，不但不大賠，反而還能大賺，如是而已！

有主力照顧的股票，好處還不只如此，它不但會漲，而且會大飆。相對於許多憑本質與業績漲升的績優股，簡直就像大巫與小巫的對比。

三大飆股

不妨看看 3955（97 年 11 月 21 日）以來的漲勢前三名股，哪支不是因主力介入而形成的飆股？

第一名的美嘉電。7.25 元（98 年 1 月 20 日）至 148.5 元（同年 6 月 11 日）漲幅 1948%。

第二名的昱泉。自 17.05 元（97 年 11 月 21 日）至 168.5 元（98 年 5 月 26 日），漲幅達 988%。事實上，昱泉早在 97 年 10 月 13 日，自 7.46 元起，先攻了一波至 11 月的 21 元，若連這一波一起算，昱泉才是漲幅冠軍，自 7.46 元至 99 年 1 月 25 日的 195 元，幅度高達 2513%。

第三名則是天瀚。自 97 年 11 月 25 日的

3.3 元至 99 年 12 月 9 日的 48 元，幅度 1354%。

這樣的漲幅，除了主力股，誰能做到？不僅如此，上述這三檔超強股，一旦漲勢啟動，都是走噴出行情，不但讓人快速獲利，而且操作時，輕鬆又愉快。

看到這裡，也許又會有人問，買是徒，賣才是師，這種飆股容易獲利拔檔，落袋為安嗎？

飆股拔檔訊號清楚

答案是：比所有一般股及績優股容易太多了。其它股的走勢慣性往往不明確，但主力飆股最大的特性，就是慣性太清楚了，所以，一旦多頭慣性改變，就先拔檔。反之亦然，整理結束，飆勢將再起時，其慣性的改變也非常明確，訊號清楚，該多該空，當機立可斷，簡單極了！

請看圖 G 唐鋒日 K 線圖：

圖中所有☆所指處，都是拔檔點。原因很簡單，慣性改變──不再收漲停。而這個拔檔點，幾乎都是波段高點，只有第一個☆除外，

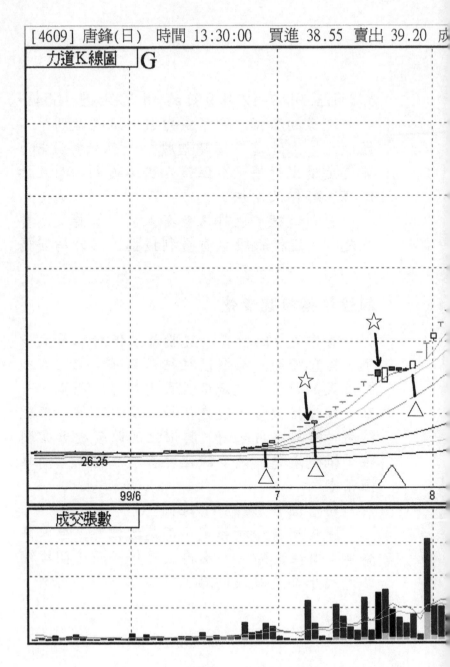

☆
299.50

← 275

262

291.67

233.33

175.00

116.67

58.33

100/1　　　2　　　3

4124

2749

1375

但最多只少賺一根停板而已。

依這個原則，就算天價 299.5 元這天，不管賣在收盤價 275 元，甚至賣在盤中最低的 262 元，都是極正確的拔檔點──避免了日後崩盤的走勢。

△所指處，是另波買進點，都是漲停板。相對於先前走勢，也是慣性改變，這一改變，就是另波攻勢的開始，而只要攻勢一起，幾乎都是噴出，簡直太好賣，太好操作了！

注意圖中右下角的□，技術上是根長紅，但為什麼打上□，而非以△標示？因為這是根未收漲停（49.45 元）的長紅。就算倒楣買在漲停價上，由於終場只收 49 元。不妨認 0.45 元的小賠當沖，避免了隔天的另一波崩盤走勢。反之，若能再攻漲停，不妨酌量買些，搶搶反彈，簡單扼要。

事實上，操作主力飆股的好處不止這些，以後有機會再談吧！

最佳轎客——不預測飆股股價

　　一般人在操作個股，尤其主力飆股時，常會犯三個錯誤：

三個大錯誤

　　1.自覺股價已高，自己嚇自己地半途下車，事後回頭一看，下車點離半山腰還遠著呢，這是錯殺金雞母，把好不容易請來的財神爺給趕走了。

　　2.碰到長黑或大量長黑就拔檔，這點原則上沒錯，但麻煩就在拔了檔後，再也不肯回頭多看它二眼。結果，根本還沒到頭，只是中途洗盤而已，這是自己把財神氣走了！

　　3.最糟糕的是，在長黑或大量時，不但拔檔，還反手放空。等事後發現，長黑與大量不過是洗盤時，為時已晚，慘被軋空的結果是，先前賺的錢全吐出來，還得倒貼一筆，慘哉！

飆股高點的關鍵

事實上，決定主力飆股高點的關鍵有二：

1. 個股長黑帶波段大量。有時未必大量，只要是價長黑，就是高點（至少短線）。甚至有時未必長黑，只因價的運動慣性改變，就成頭反轉了！

2. 但最重要的關鍵，則在於大盤行情，只要多頭行情還未結束，主力飆股就隨時有再攻一波的可能，不管它先前已走了幾波。反之，則可能成頭。

請看圖 A 美德醫日 K 線圖：

96 年 6 月中到 7 月中這波走勢，一看就知道，這是主力強力介入的結果：

1. 全程幾乎都走噴出。

2. 一個多月的時間，價狂飆了 425%。

只有主力股才會有這樣的漲幅與走勢。但為什麼它只走了一波就結束呢？

大盤決定飆股高點

答案在大盤。

力道K線圖　A

96

.70　漲跌 +0.01　單量 -　　　總量 886

17.45

14.15
(9807)15.8

16.33

14.67

13.00

11.75

12.35

11.33

9.67

8.00

6.33

4.67

8

9

10

63667(14.15)

4)　(17.45)
08　12837
(11.75)
27020

53743

35829

17914

17.45 元波段高點這天，量只有 12837 張，相對先前 7.4 元時的 43108 與 11.75 元時的 27020 張，這種量決非出貨量，也決出不了貨。

　　既如此，17.45 元為什麼會是開漲停收跌停的大長黑呢！

　　比較可能的情況是，短線漲幅實在太大了，主力原想做第三次洗盤，而洗盤最好的方式，就是價向下壓，以便嚇出轎客。

高檔運動慣性改變

　　然而，洗盤是事後才知道，因為不到收盤，不知道量會有多大。但不管是出貨或洗盤，反正其價的運動慣性已改變，持股者自還是下車為宜，否則，要是價自此反轉向下，不就慘了！

　　如果是洗盤呢？

　　不出多久，會再拉出長紅，飆股回檔，敢再拉長紅，而且是漲停鎖死的長紅，就再大膽進場，以免錯失另波攻勢。

　　17.45 元的長黑之後，價又連二天重挫。第三天，照例開出 12.35 元跌停價，但這天的

形勢可不同了，主力迅速以大買單將跌停打開，並強攻至漲停，當天爆出了歷史大量63667張。這種價量現象，顯示主力強力介入跡象極明顯，但第二天的勁道卻有點不足了，雖然收紅，卻非漲停，第三天更弱，盤中走高至15.8元，收盤卻出現了一根帶上影線的跌停長黑。

怎麼回事？

關鍵還是在大盤

問題出在大盤！

當天的大盤正好是9807的波段頭部，這天行情大跌了173點，日K收了根下跌1.77%的大長黑，且爆出了3215億的波段最大量。就價量角度來看，這是個反轉變盤的訊號。

事實上，早在9807的前一天，也就是美德醫15.8元的前一天，大盤就有點不大對勁了！前二天，還收了根122點的長紅，且之前的多頭走勢還很清楚，但長紅之後，隔天居然開低，終場還收了根下跌3.93點的小黑，就是這根小黑，讓主力有了戒心，不敢強攻漲停，而只收了根上漲0.85元的十字紅棒。

9807 這天，大盤以 9793，上漲 53 點紅盤開出。上升至 9807 後，隨即下殺拉回，終場大跌 173 點，技術上收了根 2.33%的實體長黑，量則爆增至 3215 億波段最大量。價長黑、量波段最大，就技術面而言，這通常是頭部訊號。在這個客觀環境下，美德醫雖然盤中順勢走揚至 15.8 元，距漲停價只有 0.2 元，但終在大盤走跌的壓力下被打趴，終場收跌停，17.45 元頭部宣告成立。從此進入了至今三年多的長期大盤整。

大盤的高點，決定主力飆股的高點，不管個股走勢有多強，只要多頭行情終結，還是得乖乖地回到大盤的軌道上來，如果不信邪，硬要和大環境頂著幹，下場都會很淒慘。遠的如 79 年的寶成和 81 年的厚生，近的如 97 年的佳大（這三個例子，可參看本書「美麗的錯誤──逆勢主力股」一文），都是最好的例子。

個股再強難抗大盤

請看圖 B 三晃日 K 線圖：

從日 K 線來看，三晃在 96 年 6 月底至 7 月

中的走勢強度，比起美德醫來，有過之而無不及：

1. 漲勢一起，每天跳空漲停，美德醫則有一日收黑、一日開低走高。

2. 三晃共洗盤三次，均在一天內完成（圖中△處），美德醫也洗了三次，但有一次洗了二天（96 年 7 月 2、3 日）。

然而，既然三晃比美德醫強，為什麼只漲了 203%，遠不如美德的 425% 呢？

原因只有一點：

三晃發動攻勢是 96 年 6 月 27 日，比美德醫的 6 月 13 日，整整慢了二週，等於少攻了十個營業日。

攻得晚，而二者又在同一天（96 年 7 月 19 日）從高點拉回，五天後，又碰到大盤 9807 的高點，漲幅自然少了。因為，以三晃的強悍，也不能、不敢逆著大盤強攻呢？

對投資者而言，該如何操作美德醫和三晃呢？

答案是：慣性改變則出。

漲停將打開則賣，將關門前再買回。

力道K線圖　B

6.25

96/2　　　3　　　4　　　5　　　6

成交張數

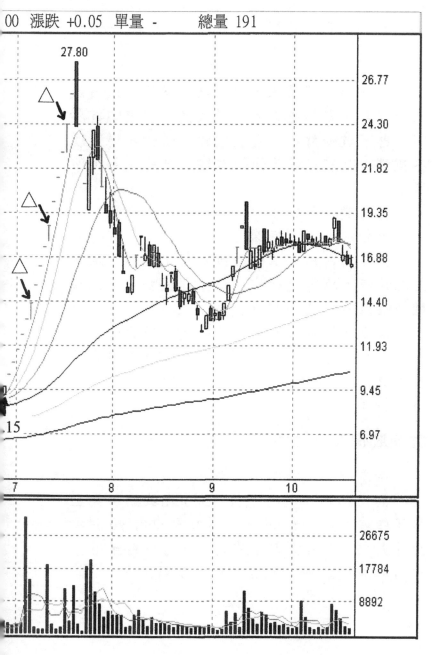

保守點的投資人，則可以平盤是否跌破做為觀察點，因為這二股的特性是，盤中縱有壓回，也不破平盤，這是其慣性。慣性不變，就不拔檔，跌破，就是慣性改變，自然走為上策了！

什麼時候買回來？

再拉漲停時買回來！

對主力飆股而言，啟動攻勢的訊號，通常是漲停板。攻勢進行中，也是漲停板。一旦這種慣性改變就再拔檔，簡單扼要。

現在，投資人應該可以知道，飆股的高點是怎麼來的了。有了這個基礎認識後，再來解答本文一開始所提出的「三個錯誤」，就更容易理解了。

臆測股價高點之害

請看圖 C 美嘉電日 K 線圖：

圖中顯示，美嘉電從 7.25 元啟動，共上漲了四波，分別是 98 年 2 月初至中旬、3 月初至 4 月初、4 月上旬至中旬、5 月中旬至 6 月中旬，最後才在 148.5 元成頭反轉。

這四波攻擊，總共上漲了 1945%，將近二十倍，驚人極了！而這也超乎一般投資人想像之外，因為很少有個股能有這樣兇悍的走勢、這麼大的漲幅。也因此，很少有人能真正從頭跟到尾。

　　圖中六個☆所指處，都是一般投資人有可能被洗下車的地方，理由如下：

　　☆①漲停打開，且當日最高 20.3 元，漲幅已達 179%，且其漲升過程中，大都走噴出，漲幅大，加上漲停首度打開，肯定會嚇跑許多人。

　　☆②不但有☆①的多數原因，又爆出波段最大量 1221 張。

　　☆③大震盪達 14%，從漲停到跌停，技術上又出現了一根 7%大長黑。

　　☆④慣性改變（不再收漲停）且又收黑 K。

　　☆⑤14%震幅，給人以震盪出貨的聯想。

　　☆⑥當日最高 83.4 元，總漲幅已超過十倍，日 K 又收黑，絕對讓人擔驚受怕，不跑何待？

　　圖中三個△所指處，都是另個買進點，但

[4415] 美嘉電(日)　時間 13:30:00　買進 56.2　賣出 56.4

力道K線圖　C

☆④
☆③
☆②
☆①
△①

7.25

98/1　　2　　3　　4

成交張數

1221

106

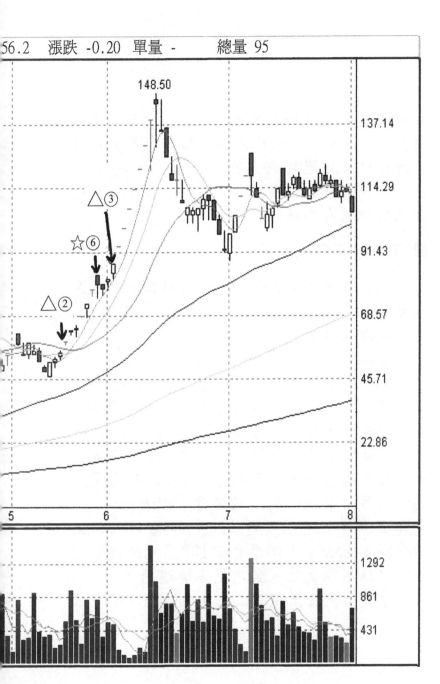

就經驗來看，恐怕不會有太多人敢再進場了，原因只有一點，漲幅已大矣！好好一隻金雞母，就這輕易地讓它跑了？

為什麼會犯這種錯誤？一言以蔽之，對股價主觀臆測有以致之。

股市沒有不可能的事

你以為美嘉電的漲勢與漲幅很誇張嗎？還有更誇張的。

請看圖D昱泉日K線圖：

若以圖中低點7.46元至高點168.5元計算，昱泉總漲幅高達2158%，整整21倍多。然而，☆①時，價為21元，漲幅181.5%。這根長黑，足可嚇跑一大堆轎客了。☆②時，價則為40.25元，總漲幅更高達460%，這已遠超乎許多人經驗之外，退場的人，只會更多。☆③及☆④二個盤整區，前者時間一個半月，後者一個月，市場上流傳所謂「久盤必跌」，更會讓人以為價格漲不上去了！哪還會有168.5元的這段噴出呢？既不以為然，當然更不會進場了！

事實上，昱泉這三波漲勢初起時，都有很

好的進場機會，只是許多人因對股價預設立場，不敢進場而已，不敢進場當然也逮不到這支近三年內的第一金雞母了！

股市多的是想像不到的事

你以為昱泉到168.5元就到頂了嗎？看圖E昱泉日K線圖就知道了！

168.5之後，瞬間大幅拉回至81.3元，小做盤整後（98年6月中至7月中／見圖D），又小攻了一波（見圖E，98年7月的145元），而且是走噴出，但噴完後，並沒有大跌，而是陷入了一段長達五個多月的橫盤。橫盤結束，又從99年1月進入最後一波攻擊，直到195元才成頭回檔。若從7.46元起算，總漲幅整整超過了25倍。但所有預測股價，對價格心有成見的人，是很難從中賺到大錢的，只有不預測飆股股價的人，才有可能跟完整個大波段，讓鈔票大把入袋！

話說回來，美嘉電和昱泉憑什麼漲期這麼長？漲幅這麼大呢？

請看圖F大盤週K線圖：

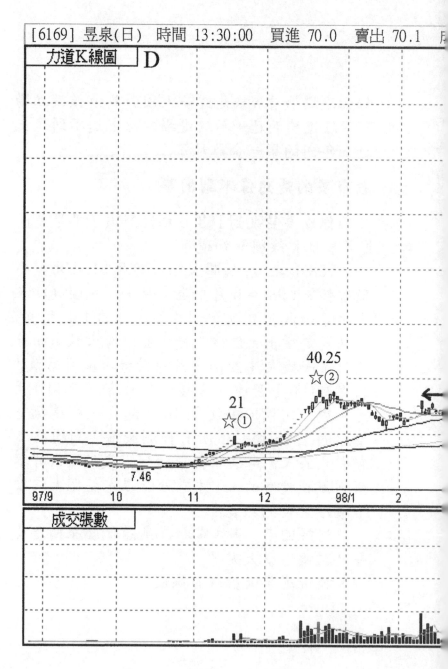

力道K線圖 D

40.25
☆②

21
☆①

7.46

97/9   10   11   12   98/1   2

成交張數

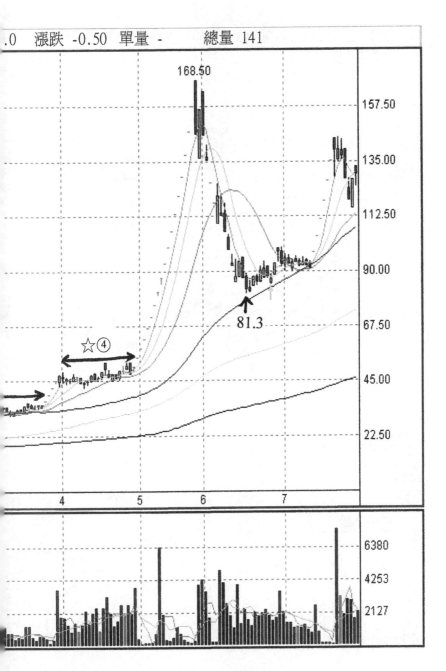

168.50

157.50

135.00

112.50

90.00

81.3

67.50

☆④

45.00

22.50

4   5   6   7

6380

4253

2127

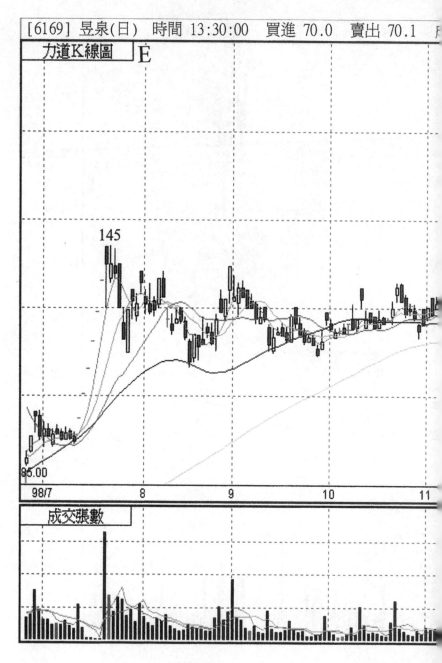

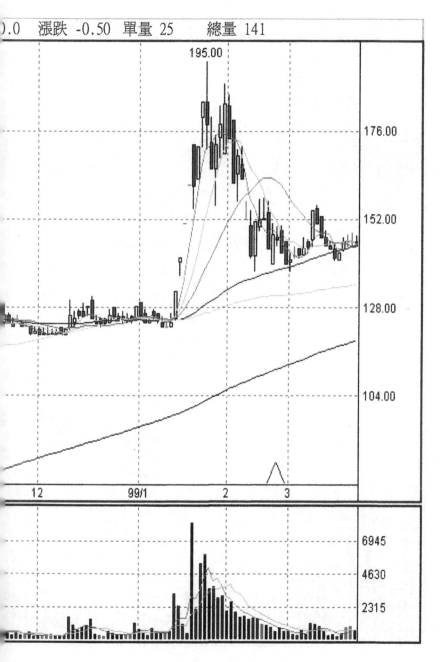

力道K線圖　F
9309.95

3955.43

97　　　　　　　　　98

成交金額

請注意，大盤在 98 年一整年內，都是個明顯的多頭行情。在大盤走多的支撐之下，98 年間，出現了不少漲幅三、五倍以上的飆股，而美嘉電和昱泉就是其中二大佼佼者：

　　美嘉電的高點 148.5 元，出現在 6 月 11 日，只比 6 月 2 日大盤 7084 的短頭慢了 11 個營業日而已！

　　昱泉的第一個高點 168.5 元，出現於 98 年 5 月 26 日，比 7084 波段高點還早了三天，昱泉主力對行情掌握之精準，由是可知。最高點 195 元出現於 99 年 1 月 25 日，只比 8395 波段頭部晚了四天。整體而言，昱泉的大多頭走勢，大都是在行情走明確多頭時完成的。就昱泉的經驗來觀察，只要多頭行情不止，飆股就不死。想當個最佳轎客，就別有太多主觀意識，更別隨意預測飆股股價才成。

　　最後再談一談，多頭行情中誤入空頭陷阱的問題，請看圖 G 農林日 K 線圖：

　　圖中三個☆所指處，最容易誤觸地雷，所謂誤觸雷是指判斷錯誤，不但多頭拔檔，還反手放空。

☆①是波段大量77618張，很多人會誤以為量大成頭而反手空。

☆②是價大幅震盪，從漲停殺到跌停，又從跌停到漲停，震幅高達14%。不僅如此，還爆出了137486張的超大量，不但容易讓人認為震盪出貨加成頭而反手空。

☆③這二天的盤整，更堅定了☆③是最佳空點的觀點。

然而，這些人都忽略了一點，當時大盤的多頭慣性還很明確，在多頭行情的支撐下，飆股隨時可能東山再起，圖中34.8元之前的這波飆勢就是明證。

如果因錯誤解讀而在這三個點放了空，不但先前賺的全沒了，還得另掏腰包支付被軋空的應付帳款呢！

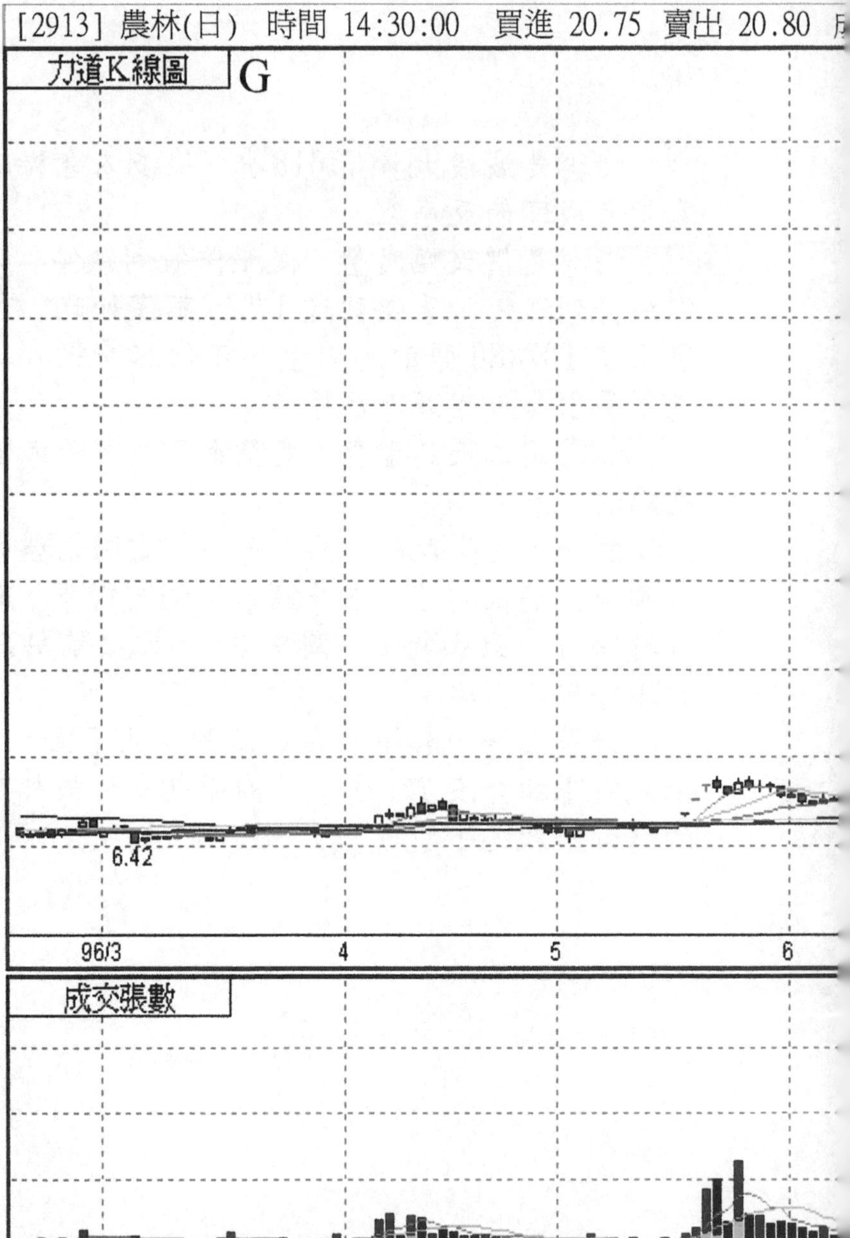
[2913] 農林(日)　時間 14:30:00　買進 20.75　賣出 20.80
力道K線圖
G
6.42
96/3
4
5
6
成交張數

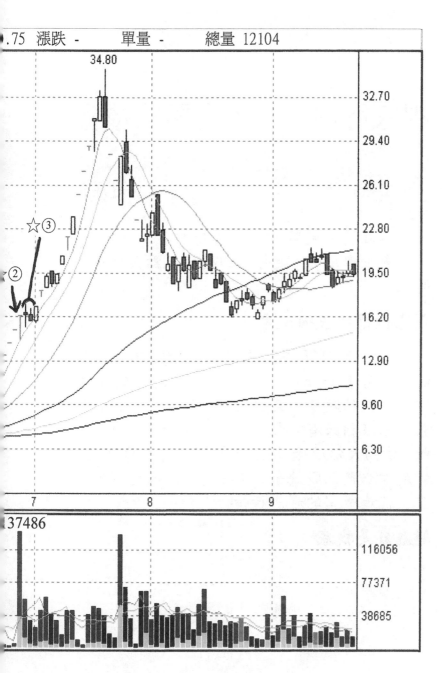

趕底行情──主力股的機會

空頭行情走到尾端時，經常會出現趕底行情。

請看圖 A 大盤日 K 線圖：

圖中標示的，是每個回檔的低點與反彈的高點。

趕底行情的技術現象

請注意 6198 至 4110 這段跌勢，不但跌幅最大，高達 33.6%，而且時間短，尤其 4110 之前十一天的跌勢，又快又猛。請注意，當時的漲跌幅限制只有 3.5%。從日 K 上看，這十一天內，跌幅大都超過 3%接近 3.5%。造成的現象，就是大多數個股幾乎天天跌停，這種恐慌性殺盤，就是所謂的趕底行情。

趕底就是找底

既是趕底行情，就表示底部不遠了！

由於趕底就是價快速大幅壓低，這就表示價格越來越便宜，而便宜是買盤進場最大的誘因，既然買盤由消極轉趨積極，底部自然不在遠了！

所謂「疾風知勁草，板蕩識誠臣」，在大盤出現恐慌性殺盤時，績優股當然難以自外於其中──照樣下跌。但跌歸跌，卻比較不會崩盤式下跌，至少想賣能賣得掉。但不怎麼績優的個股則不然了，無量崩盤是常態。市場上常說「漲時重勢，跌時重質」。這也是績優股在大空頭市場中，還有買盤承接的原因。

崩跌股的機會

然而，就因為績優股沒能急跌，相對少跌，且下跌過程中有量，通常不是行情止跌反彈的優選。這時候，反而要多注意，在趕底行情中，順應行情大殺盤而呈崩盤走勢的個股。

如前所述，跌時重質，沒有本質的個股在空行情的尾端，會因沒有買盤承接而崩跌。既是崩跌，至少隱含了二個意義：

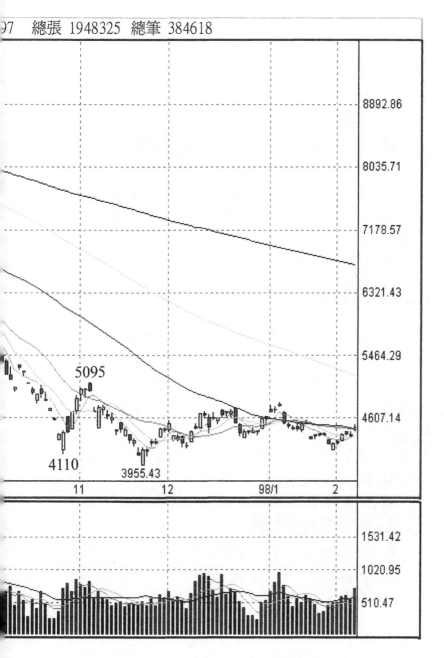

1. 跌幅深。

2. 下跌過程無量。

跌幅深，代表價格便宜，便宜就能吸引買盤。

下跌無量，代表日後反彈時不易有賣壓。

這二大利基，就會吸引主力介入，因而出現飆升走勢。

請看圖 B 大漢日 K 線圖：

抗漲者必大跌

大盤在 97 年 5 月 20 日於 9309 成頭反轉。大漢因 9309 這波多頭沒漲，所以，在往後的一個多月時間裡，不但不跌，反而反向自 14.4 元緩步趨堅至 18.5 元。但當大盤壓回至 7416 時，大漢終於抵抗不了大趨勢的壓力，第一波自 17.9 元壓回至 12.6 元，跌幅 29.6%，第二波則自 13.5 元重挫至 4.13 元。

請注意這第二波下跌走勢：

1. 跌幅高達 69.4%。

2. 多數營業日都以跌停做收。

3. 下跌過程中，量急縮。

124

4. 全部時間只有三十個營業日。

完完全全符合趕底行情的條件。

大跌則大彈

所以，當大盤在 97 年 11 月 21 日以 3955 落底後，大漢遂於 12 月率先多數個股展開一小波反彈，自 4.6 元小攻至 6.39 元，漲幅 38.9 ％。由於 3955 大盤底部雖確定，但多頭行情尚未開展，大漢因此而又壓回，等到大盤於三月中多頭確定後，大漢便展開強攻了。

看圖 C 大漢日 K 線圖：

三月中旬，大盤多頭攻勢開展，大漢也幾乎同步啟動，先自 4.63 元彈至 6.12 元，之後壓回測底。真正的攻勢則於 5.21 元展開，十幾天內大漲一倍，直到 10.9 元才喊暫停。

注意這波一倍漲幅的走勢，多數都是走噴出──跳空漲停、鎖死不動且低量。為什麼能這麼強勢?看看圖 B 中 13.5 元至 4.13 元的技術面就一目了然了。

事實上 5.21 元至 10.9 元不過是前菜而已，大漢從此進入了大多頭行情，並於 99 年 12

力道K線圖 18.50　B

17.9(7416)

14.4
(9309)

13.5(7357)

12.6

97/6　　7　　8　　9

4

成交張數

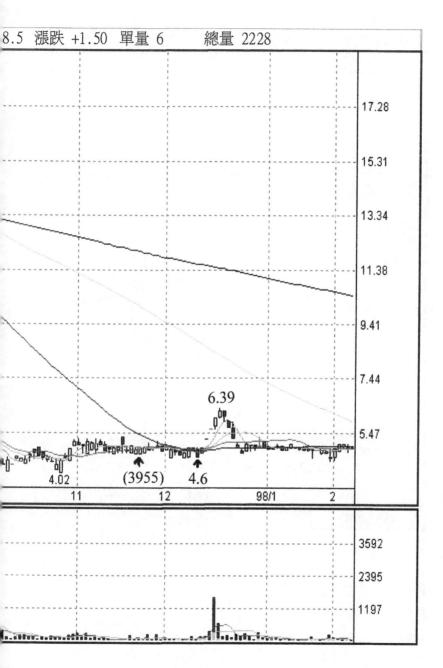

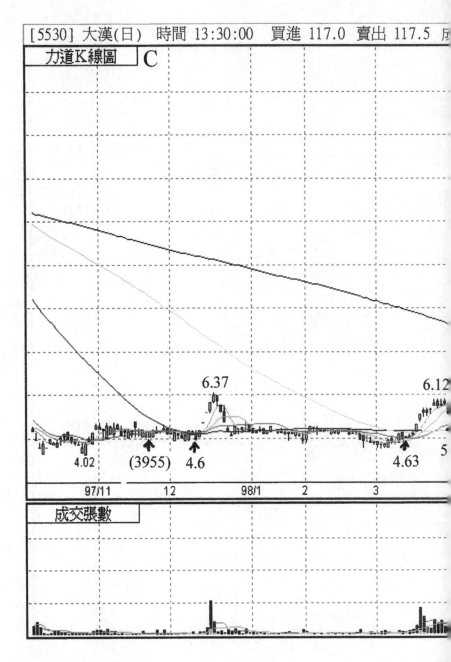

力道K線圖　C

6.37

6.12

4.02

(3955)　4.6

4.63

5

97/11　　　12　　　98/1　　　2　　　3

成交張數

128

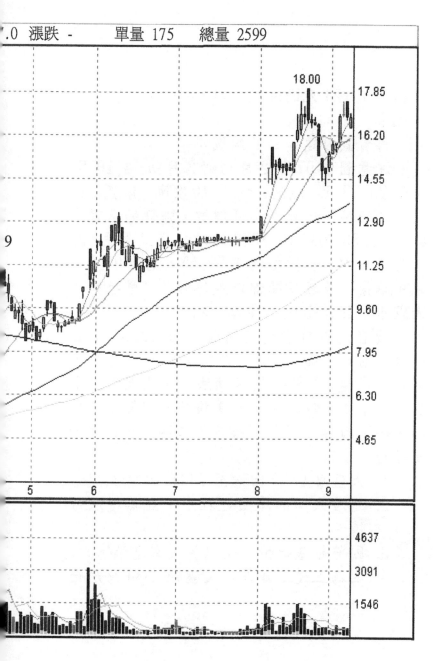

月創下了 124 元的波段高點，漲幅多少就自己算吧！

再看圖 D 建達日 K 線圖：

注意圖中 97 年 2 月初到 3 月初，自 10.85 元到 25.25 元，這波 132.7%的強彈。有了前面大漢的經驗，讀者們當可理解，強彈的基礎在於從 22.85 元到 10.85 元這波趕底式急跌，25 個營業日內，股價重挫了 52.5%，尤其 97 年 1 月中以後，多數時間都以跌停做收，量也因此大縮水，因而形成了強彈的利基。

讀者們也許會覺得奇怪，自 22.85 元至 10.85 元，跌幅 52.5%，若自 36.55 元起算，則跌幅高達 70.3%。這種跌法，不比大漢少多少，為什麼反轉後不如大漢強？要回答這個問題，得請讀者看圖 E 大盤日 K 線圖，並與之對比建達：

1. 大盤自 9859 回檔至 7384，回幅 25.1%。
2. 這波大盤的壓回過程中，並無趕底行情。
3. 因無趕底行情，所以量沒有急縮。
4. 因為上述三條件，大盤於 7384 落底後

，第一波反彈只到 8658 而已，彈幅
17.75%。

反觀建達，在創造反彈條件上，無論在跌
速、跌幅與量上都優於大盤，所以，才能有強
於大盤多多的演出。

就這個角度來看，聰明的讀者會問：

如果大盤能有建達一樣的大空演出，建達
的強勢不就有可能大幅提升了嗎？

完全正確，而這也是大漢由空轉多後，能
有超強演出的重要原因。

[6118] 建達(日)　時間 13:30:00　買進 19.30　賣出 19.40

力道K線圖　D

36.55

33.5(9859)

96/9　　10　　11　　12

成交張數

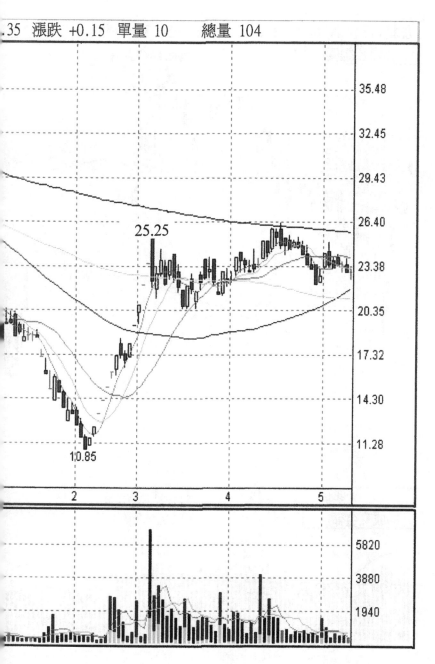

25.25

1:0.85

35.48

32.45

29.43

26.40

23.38

20.35

17.32

14.30

11.28

2   3   4   5

5820

3880

1940

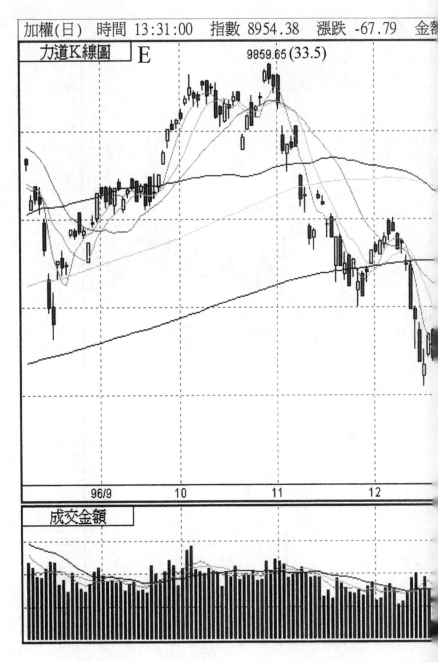

加權(日)　時間 13:31:00　指數 8954.38　漲跌 -67.79　金額

力道K線圖　E　9859.65(33.5)

96/9　10　11　12

成交金額

8658
(25.25)

7384.61

(10.85)
7533

主力飆股的盤中進場點

　　只要是明確的多頭行情，就會出現主力飆股。道理很簡單，既是多頭行情，就表示多數資金站買方，大家都想買股票——因為大家都看好未來的行情。既然行情看漲，當然是賺錢的好時機。主力是專業投資人，自然會積極介入，選定個股拉抬，以賺取大幅波動的差價了。

　　對一般投資人而言，追蹤主力股動向，順勢搭個順風車，自然順理成章不過了。

　　然而，多頭行情中，雖然不少個股在技術上顯示出飆股潛質，還是得選擇適當的進場時機，以免進錯了場或進場過早而徒呼負負！

　　什麼是進錯了場？什麼又是進場過早？

主力飆股的條件

　　一般而言，主力飆股通常具備下列條件：

　　1. 價格低。價格不高，比較不需太大筆資

136

金。

2. 股本小。股本小即表籌碼少，籌碼少則局面較易控制。

3. 低檔。低檔表示價格便宜，價格便宜就是上漲的利多。

4. 技術面佳。長期價穩量縮或跌深，爆發力才強。

5. 股性活潑。股性活潑漲起來才俐落、漲幅才會大。

然而，話說回來，具備前四項條件，並不表示就一定會成為飆股，原因出在第五點——股性。

上市、上櫃總共加起來約一千三百餘家（截至 100 年 1 月止），幾乎每檔個股都有主力，有的是大股東、有的是經營者本身、有的則是市場派。

主力風格各有不同

台灣俗話：一種米養百種人。

意思是說，一樣都是人，但每個人行事風格不同。股市主力也一樣，有的主力很強悍，

做起價來，不但盤中超強勢，一旦漲停，便鎖死，並大量漲停掛進，且不拉個一、二倍甚至三、五倍不罷休；有的是攻上漲停後，便開始搶短調節，以致漲停開開關關，或許中場，甚至終場才鎖住，但多少也會有波段行情。

小格局主力

　　但有一種主力，就令人不敢恭維了！即便在明確的多頭行情中，永遠只是短打，不但盤中走的拖泥帶水，而且，不管線型有多好，通常只是一、二天，最多二、三天行情。這下子，跟轎的人可就累了，不但盤中得忍受煎熬，而且漲幅小、漲的慢，讓人失望透頂！

　　這種小格局主力，即便介入個股，也很難讓人有所期待，而這種股，不但股性不夠活潑，甚至還可能是「股性惡劣」呢。

　　要怎麼檢視其股性好壞呢？

如何檢視股性

　　看它的「前科」紀錄。

　　在多頭市場中，當你發現有個股在盤中衝

高時，除了注意前四項條件外，最重要的一點是，看它在之前幾波的多頭中，在拉出漲停長紅後，是否能持續強勢演出？

如是，則表股性活潑，後市或可期待。

如否，則表股性不佳，最好「另尋高明」，免得一肚子氣。

飆股的進場時機很重要

反過來說，如果上述五條件都符合的話，也不必立刻就掏銀子進場，以免把資金凍結，錯失其他飆股的進場時機。

那什麼是飆股的進場時機呢？

請看圖 A 大飲日 K 線圖：

99 年 7 月這段走勢，證明大飲絕對是一檔主力飆股，而醞釀它展開飆勢的基礎，是因為它完全符合上述飆股五條件。然而，在它展開飆升的 7 月初之前，除了三月中旬那波小行情之外，都不是太好的進場點，否則，資金一定會被卡住。不僅如此，當時行情走多，一定還有許多別的強勢股，只要手上有資金，隨時可搶進正啟動的大多頭股，這才是最高明的操作

力道K線圖　A

☆1

8.63

99/1　　2　　3　　4　　5

成交張數

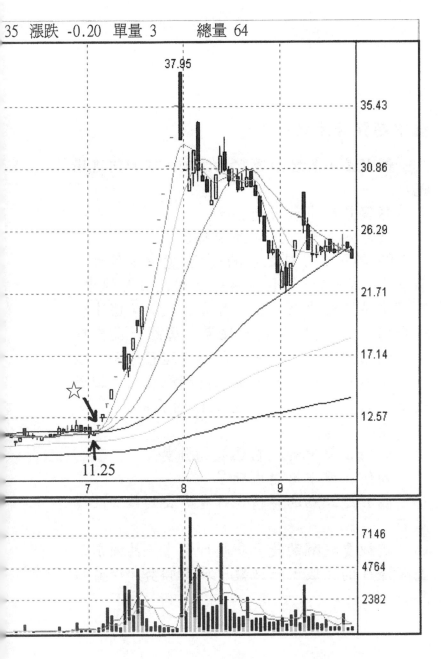

。

盤中超強勢才宜進場

問題是，怎麼知道它已啟動，該如何進場呢？

答案是盤中展現超強勢。

請看圖 B 大飲五分鐘走勢圖：

99 年 7 月 5 日之前的大飲，盤中走勢都平平無奇，這一點，從 5 分鐘走勢圖及日 K 線中，就可清楚地看出來。但 7 月 5 日這天（圖中☆所指處），其慣性忽然大改變，居然一反先前平淡的常態，以跳空漲停開盤，這種強勢，宣告了主力不但已介入，而且將積極拉抬，因而造就了它在一個月內高達 221%的漲幅。

讀者們或許會問：

如何在盤中發現它已展開強勢？

如何在盤中搶進成交？

關於這二點的詳情，另有專文討論，此處不贅。

這裡要提醒的是，多頭行情中，具備前述上漲條件的個股，一旦盤中展現強勢，就是最

佳介入點，只要買得到（90%買得到），剩下的，只是賺多賺少的問題了。

何謂盤中強勢

請看圖C大飲五分鐘走勢圖：

先回頭看一下圖A☆①處（99年3月23日），當天的大飲，就是以漲停展開小波段攻勢的，而其漲停，可不是勉強漲停，而是開盤十分鐘就展現超強勢的漲停。請看圖中☆所指那一天，開盤價10.45元，只上漲0.2元，漲幅僅1.95%，只能算小高。但10分鐘後，立刻狂奔漲停價10.95元，之後打開幾分鐘，就一路鎖死至終場。

盤中強勢就是進場點

反觀同一天的大盤（參看圖D☆所指處），雖然開小高7880，上漲45點，但在小走高至7889後，就一路壓回，終場小跌24點，走勢不算好。但大飲能無懼於大盤的弱勢，強行走高，因而造就了它連三根長紅的小波段多頭。

從大飲的日K與五分鐘走勢圖觀察，我們

短線法寶　B

11.10

6/24　25　28　29　30　7/1　2　5　6

成交張數

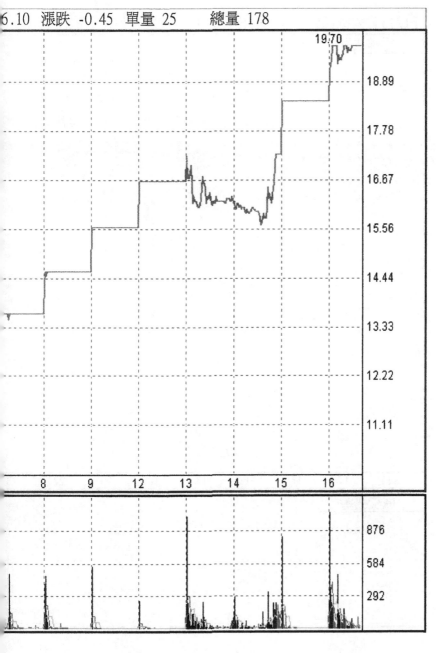

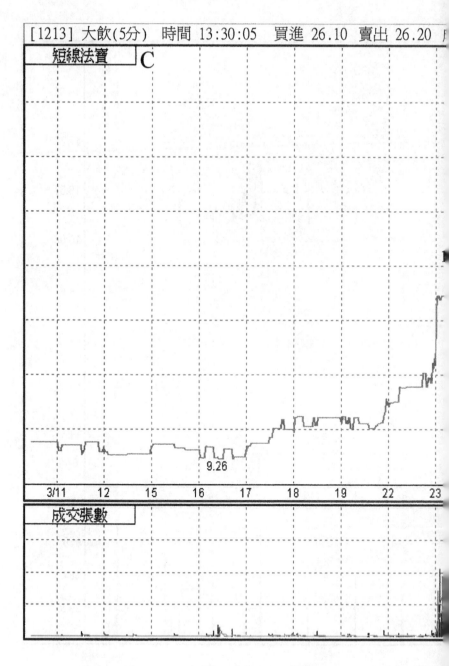

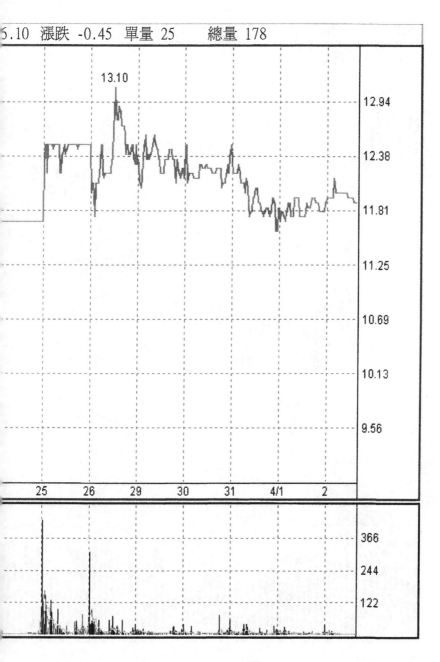

力道K線圖　D

8395.39

99/2　　　　　3　　　　　　　　4

成交金額

14　總張 5570905　總筆 1160633

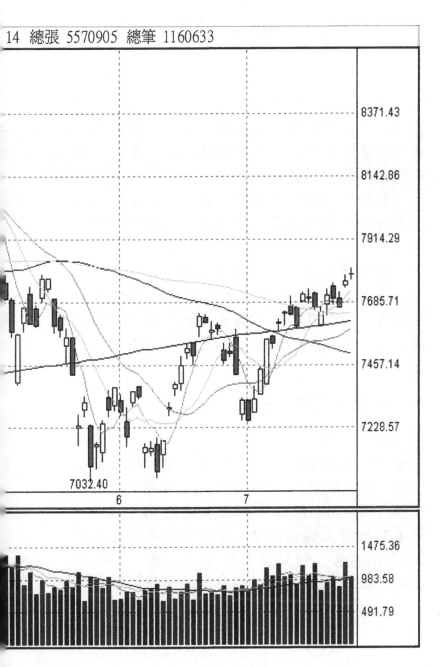

149

可以發現一點，在多頭市場中，符合飆股條件的個股，只要盤中展現強勢，就是絕佳的進場點，只要敢買，銀子就很容易入袋。反之，若不能或不敢即時搶進，銀子就會跟你說拜拜。

最後，再看一支近期（100年1月前）內最兇悍的一支主力飆股，又是如何啟動飆勢的？

請看圖E唐鋒五分鐘走勢圖：

唐鋒大約是99年度走勢最猛，漲幅最大的個股。二個月之內，大漲了近十倍，但和大飲一樣，其漲勢的啟動，也是以盤中強勢開其端。

細心盯盤才買得到飆股

圖中☆所指處，就是唐鋒近十倍漲幅的啟動點。時間是99年6月29日，當天的大盤並不強，不但不強，而且還是弱勢，終場收7423，下跌了77點。但唐鋒主力就是擺明了要做，根本不理會大盤的弱勢，當天以小漲0.4元的32.5元開盤，但開盤價即當日最低，9點15分時，即攻上漲停鎖死不動，近十倍的狂飆之

旅，就此展開。

　　看到這裡，細心的讀者一定會發現：

　　我們似乎很重視進場日？

　　沒錯，進場日對了，才能精準有效率的讓資金發揮最大的效益！

　　不僅如此，我們更重視盤中進場點？

　　沒錯！盤中強勢就是最佳進場點。非但如此，有許多飆股一旦啟動，大部份只有第一、二天才搶得到，甚至有的在第二天就展開無量飆升──開盤漲停、鎖死、大量漲停掛進，想買根本沒門兒，能不細心地盯著盤找最佳進場點嗎？

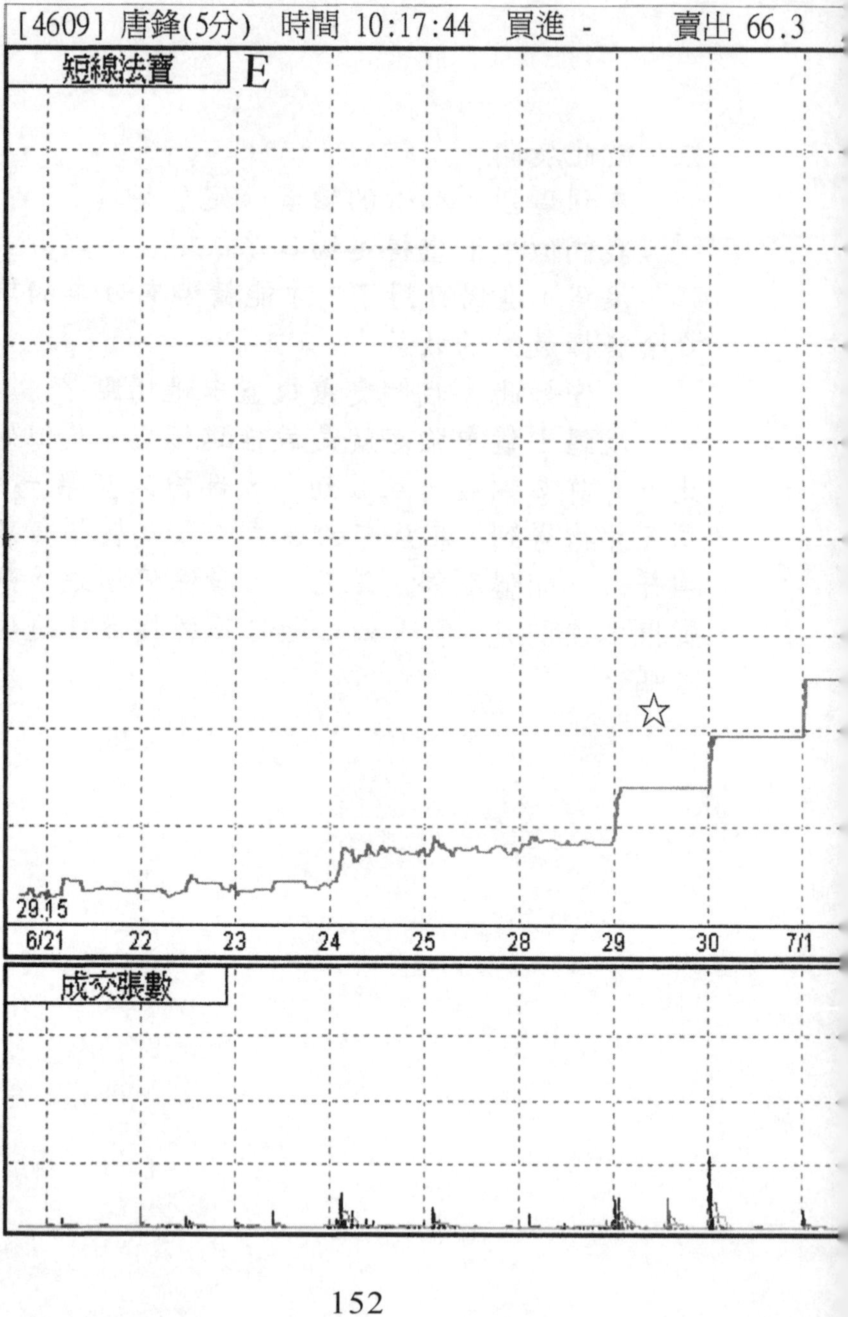
[4609] 唐鋒(5分) 時間 10:17:44 買進 - 賣出 66.3
短線法寶
E
29.15
6/21
22
23
24
25
28
29
30
7/1
成交張數

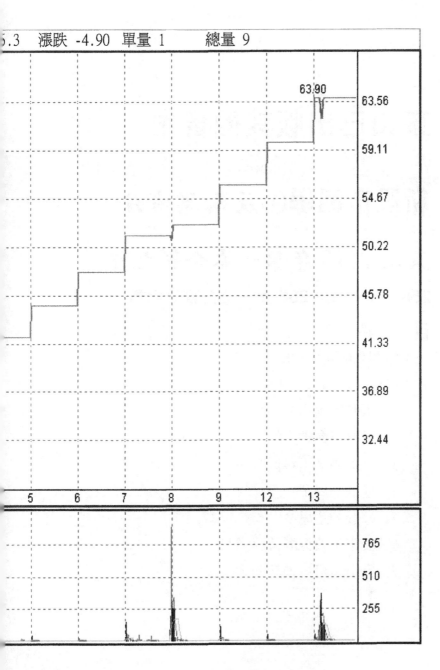

東山已出版其他著作

新股市絕學①反向思考法

東山 2010 年第一本全新之作

25K / 320 頁 / 280 元 / 全台書店均售

目　　錄

一：價開高與開低的解析與操作

二：股市投資的八大迷思

    1. 選股不選市？

    2. 量是不會騙人的？

    3. 不追高？不殺低？

    4. 逢低佈局？

    5. 好股的迷思？

    6. 套牢不殺低靜待反彈？

    7. 行情是可以預測的？

新股市絕學②線型在說話

東山 2010 年第二本全新之作

25K / 320 頁 / 280 元 / 全台書店均售

目　錄

股市戰略與絕學 I

東山 2009 年之前重要舊作修訂合集

25K / 608 頁 / 580 元 / 全台書店均售

目　錄

不一樣的多空面相

貳　多空致勝 20 大戰略 2

參　股市絕學合訂本 2

股市戰略與絕學 II

東山 2009 年之前重要舊作合集

25K / 416 頁 / 360 元 / 全台書店均售

目　錄

161

購買方法：

以上四書均已出版

1. 請到全台各大書局購買。
2. 請劃撥 17241221 大秦出版社。
3. 四書合購，原總價 1500 元，85 折優待只收
　　1275 元，掛號寄書。

如何買到飆勢已成的主力股

　　多數飆股在啟動時，只有前一、二天才有機會買得到，日K則呈開平走高或開高走高。由於之前走勢平平，並未引起太多注意，等到它開始走噴出時，想買已買不到了，奈何？

起飆訊號——漲停

　　請看圖A唐鋒日K線圖：
　　圖中☆①這二天，就是唐鋒飆勢啟動點。
　　這二天之所以開「低」走高，是因為之前走勢平平，有將近三個月的時間，都呈價穩量縮狀態，這樣的技術現象，就醞釀了未來的強勢，而主力發動攻勢的訊號，就是漲停板。
　　這個價格運動慣性的改變，讓許多在最近三個月買進的人一下子措手不及——窩了九十天，一直賺不了錢，忽然間送來了7%的大禮！此時不賣？更待何時！獲利了結的籌碼紛紛出

籠，量因此放大，日 K 呈開低走高。

　　籌碼吃夠了，技術面做好了，第三天開始走噴出，這下子買不到了！

前三天開盤前掛市價

　　唯一的方法，就是開盤前掛市價試一下運氣，但請注意三點：

　　1.九點十五分前若還沒成交，最好取消。因為噴出股正常買不到，買到不正常。開盤之前掛單，是賭運氣，看能否「中籤」。既然沒中，就表示運氣不夠好，運氣不好，當然別買，以免轉壞運。

　　2.這種做法，只能在噴出的前三天為之，除非你有內線消息，知道主力要拉幾根停板，不過，經驗顯示，內線消息通常「僅供參考」而已，不能太當真。

　　3.切忌在開盤後掛市價單。主力飆股一旦走噴出，一定是：開盤漲停、鎖死、低量、大筆掛進單。如果在盤中才掛，原則上，根本買不到，如果能成交，就表示主力在放籌碼。請注意，散戶是捨不得賣漲停的；敢賣、捨得賣、

165

[4609] 唐鋒(日) 時間 14:30:00 買進 - 賣出 45.60
力道K線圖
A
☆①
☆②
26.35
99/6
7
成交張數

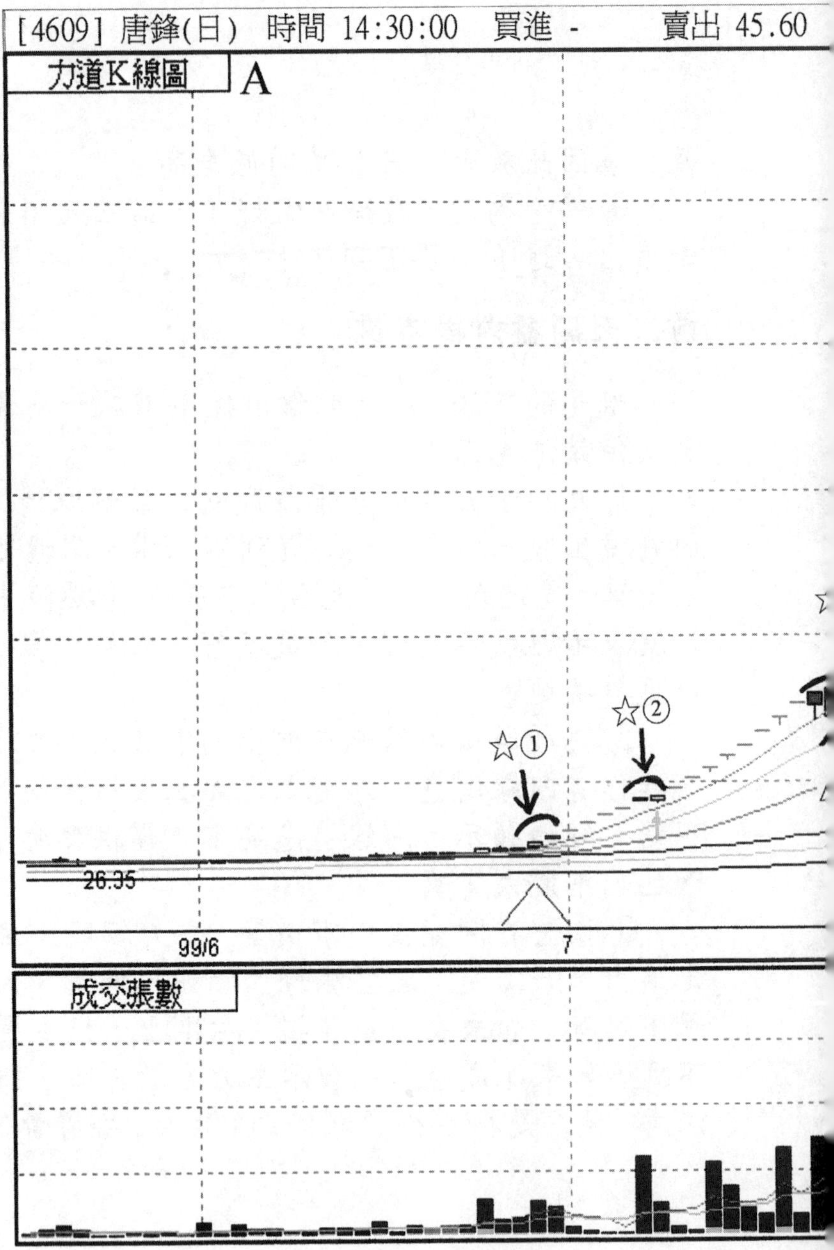

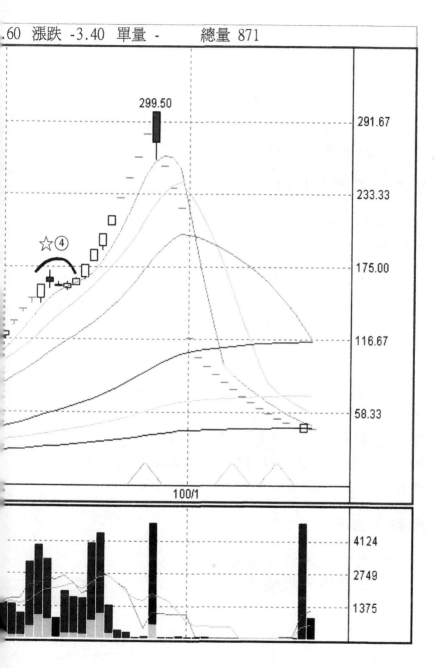

大筆賣漲停的，一定是主力。主力會賣漲停，
不是洗盤，就是出貨，但不到第二天，你搞不
清楚，如果是出貨呢？就夠你受了！

買不到等漲停打開

連掛三天買不到，就別買了，而開始等，
等什麼？等漲停打開。

若打開又收起來呢？在關門前搶進，這可
能是一天洗盤。

若打開後關不起來，日K收黑呢？

等看第二天。

請看圖B唐鋒五分鐘走勢圖：

99年7月7日（圖A☆②處），唐鋒維持其
運動慣性，以51.3元漲停開出鎖死，此後價
量亦無多大變化。不料，13:25時，竟以一筆
905張大量，將漲停打開，終場收在50.8元，
日K收了根黑棒。

洗盤？出貨？

這究竟是洗盤？還是出貨？
只能在明天揭曉了！

第二天，價以 51.2 元開盤，不多久，即突破昨高 51.3 元，穿頭了！穿頭就代表昨天的黑 K 可能是洗盤。反之，若是出貨，價將開低走低。這時候，別等攻漲停了，51.4 元價一出現，即應以市價搶進，由於上檔距漲停 52.3 元，還有 0.9 元價差，一定買得到，買到的結果是，隔天以 55.9 元漲停開盤，然後連拉九根漲停（參看圖 A），這就是操作正確的報酬。

回頭看圖 A：

如果☆②沒買到呢？

只好又繼續等了！

洗盤就是買點

☆③第一天之所以開高走低，是因為行情又走了九根漲停，由於短線漲幅已大，獲利了結籌碼殺出，噴出暫時休止，讓價進行盤整。

☆③第二天（圖 A△所指處），價開低走高，可如法炮製，在價突破前一天高點時搶進。請看圖 C 唐鋒 5 分鐘走勢圖：

這是圖 A 中☆③的放大圖，時間為 99 年 7 月 21 日至 28 日。

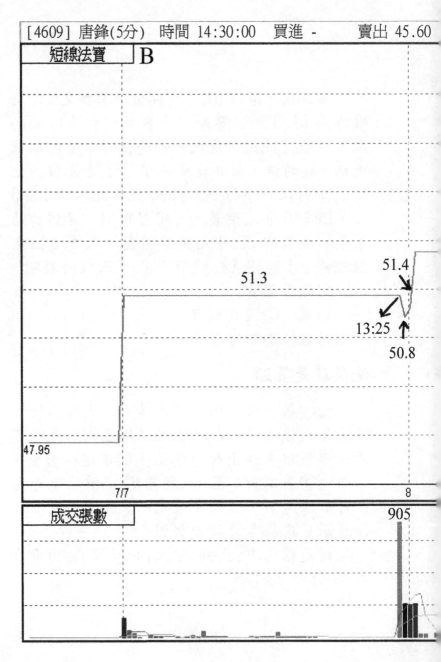

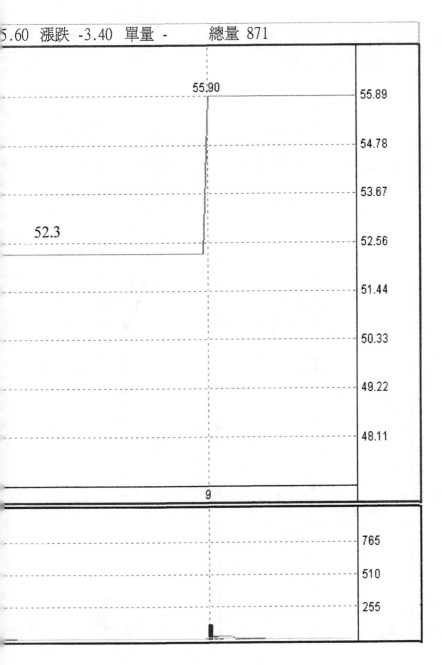

55.90

52.3

55.89

54.78

53.67

52.56

51.44

50.33

49.22

48.11

9

765

510

255

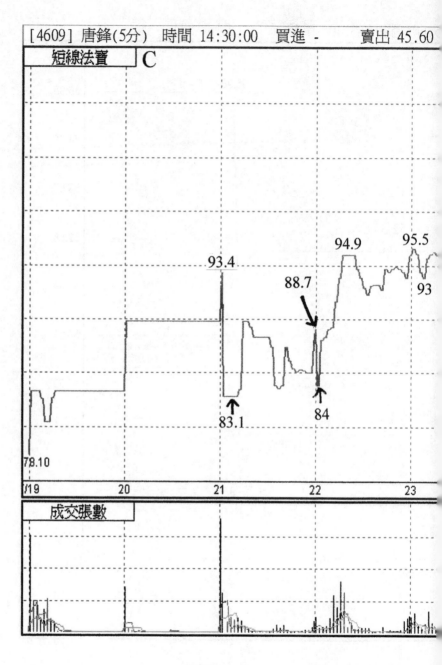

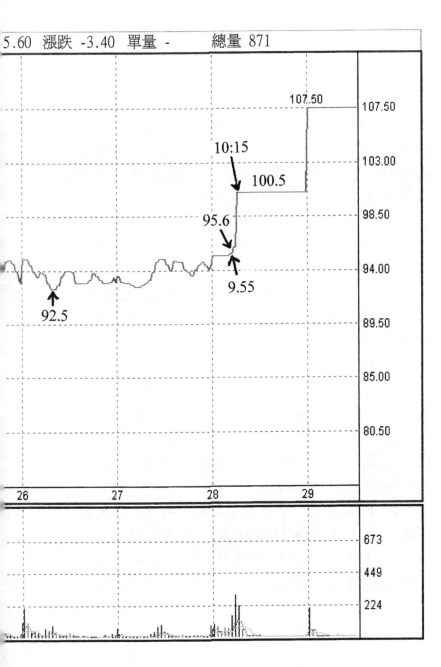

7月21日這天，主力存心洗盤（這當然是事後才知道的），一開就只有93.4元，距漲停95.5元還有2.1元，由於慣性改變，除非終場收漲停，否則不宜買，結果，開高之後，不但沒有向上拉，反而向下殺至跌停83.1元鎖死。不久，跌停雖打開，但此後全場都在盤下游走，終場收88.7元，下跌0.6元，當然不能進場。

　　7月22日這天，以小漲0.3的84元開盤，不久攻抵漲停94.9元，隨後漲停打開，在高檔盤旋，終場收漲停，買進。

　　7月23日，價開小高95.5元，只小漲0.6元，全場走勢平平，95.5元高點一直不過，但最低僅93元，終場就收在93元，昨天買價94.9元，套牢了。為了避免萬一價反轉向下，只有認賠1.9元殺出（昨買94.9元，今賣93元），然後繼續觀察，如果：

　　a.價跌破22日低點84元，則83.1元很可能失守，表多頭行情結束，沒得玩了！

　　b.反之，若能再突破95.5元高點，則可能攻勢將再起，買進！

26、27 二天行情沒啥特別變化，但 28 日那天就不同了。這天以小漲 0.9 的 95.2 元開盤，整整 50 分鐘內，完全不動，9:55 時，忽然拔地而起，一下子就來到 95.6 元，穿了前波高點 95.5 元的頭，穿頭點就是買點，這時，切記應以市價追進，否則恐怕沒機會。由於當時的唐鋒是警示股，每十分鐘成交一次，只要動作稍慢一點，就可能被拒於門外。請看圖中 9:55 啟動，兩盤後的 10:15 就立刻關門鎖死了！

正確操作的結果是：

奉送七根漲停！

☆④的操作法和☆③一樣，不再多說了！

再看一檔比唐鋒難操作的例子，但只要運用上面所講的方法，依然可以享受到飆升的利潤和樂趣，只是獲利率較低而已！

請看圖 D 美德醫日 K 線圖：

美德醫飆勢的啟動，在市場上極少見。圖中 3.32 元就是攻擊發起日。注意到了嗎？一開盤就是漲停鎖死，不但事先毫無徵兆，事後也毫無機會，怎麼辦？

力道K線圖 D

96/3　　　　4　　　　5

成交張數

老樣子，先開盤前掛三天，若買不到，再用第二招——洗盤時找買點。事實上第一招根本沒機會，只能用第二招了！圖中☆所指那一天，價照例開漲停 7.4 元，不料漲停打開，並出現了大震盪——直殺跌停，再拉起，但終場卻收了根只有 0.03 元的極小的實體黑 K 棒，計將安出？

請看圖 E 美德醫五分鐘走勢圖：

這是圖 D☆所指處及其隔天的放大版。

七月二日的盤中第一次漲停 7.4 元不能買，因為打開了，有可能慣性從此改變。

跌停價 6.45 元不能買，萬一不開，並從此反轉，那可就慘了！何況這時漲幅已超過一倍了！

第二次漲停時是買點，但終場收在 7.37 元，只好認小賠 0.03 元沖掉了。

第二天，價順勢開低 7.1 元不買，跌了 0.27 元，別小看這 0.27 元，這可是超過半根跌停的 3.66%跌幅，不料開低後，立刻展開強攻，請注意，當它第一次穿頭 7.37 元（昨收盤價）時是第一次買點，穿過 7.4 元（昨最高價）頭

時是第二次買點，否則，只能買更高了。

這時候，出現二個問題：

如果攻上漲停又關不住呢？

只能再認小賠砍了，以免價自此反轉，慘遭套牢。

如果攻上漲停鎖死呢？

就有可能再走一波漲勢。

結果，終場收漲停，第二天即走噴出，價直奔 17.45 元高點。若買在 7.88 元，最大獲利 121%，不但賺到，而且是大賺呢！

話說回來，太陽底下沒有新鮮事，股票市更沒有不可能的事，而更多的是，你想像不到的事，尤其飆股主力為了保護自己最大的利益，什麼樣的招數都有可能使出來，如果碰上下面這支股，就只好認了，因為主力根本不給任何買低價的機會呢？

難搞的飆股

請看圖 F 國眾日 K 線圖：

國眾在☆①那天啟動攻勢，這天沒買到，就沒機會了，此後連走了 11 天噴出。這期間，

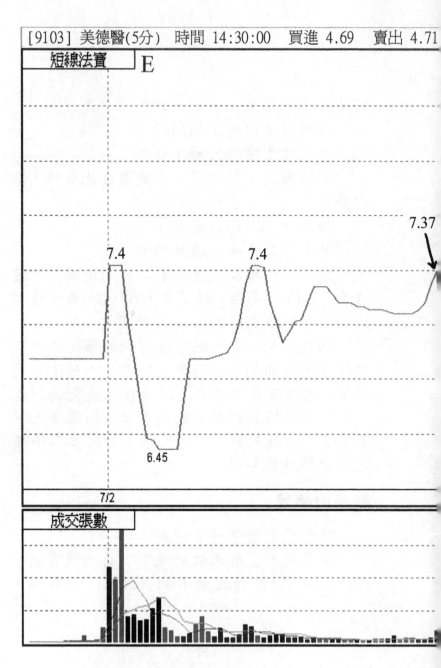

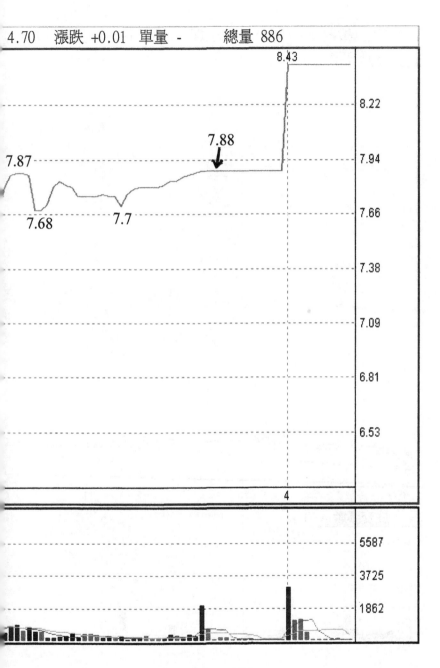

力道K線圖　　F

8.48

98/9　　　　　　　　　10　　　　　　　　　11

成交張數

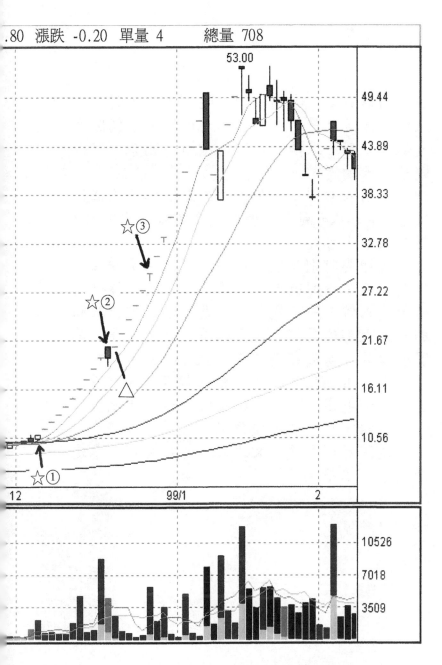

唯一的機會是☆②前一天，這天漲停打開又收漲停，有機會買到，但第二天卻又來了個開高走低收平盤，跟轎者很可能被嚇了出來，然後觀察隔天的走勢。

但出人意料之外的是，主力根本不給任何機會，第二天（圖中△所指處）立刻上演噴出，想買根本不可能。

這裡要特別說明，一般而言，主力洗盤，少則一天，多則數天。若是一天洗盤，隔天走噴出是正常，若不是一天洗盤，通常重新啟動那一天大都能買得到，像國眾這樣的例子，其實很少見。真正有機會買到並獲利的，只有☆③那天，但也已經是第十根漲停了，價越高、風險相對也高，個股只要敢攻收漲停就值得買、值得賭，只是買的量得酌減就是了。

☆③買到之後，又連攻了八根漲停，還是賺到了，不是嗎？

盤整行情的主力股陷阱

　　所謂盤整行情，最簡單的說法，就是穿頭與破底慣性都不明確的走勢。這種行情，或許均線呈多頭甚至全多排列，日Ｋ線雖然紅黑棒交錯（這就是走勢不俐落），但指數卻呈緩漲態勢，這種技術現象，即便是法人盤，也是個標準的盤整盤，也叫盤整行情。

盤整時也會有主力股

　　即使在盤整行情中，也會有主力的踪跡。道理很簡單，股市是個大量財富匯聚之處，只要曾經涉足過的人，就很難抗拒其魔力。請注意，魅力是魔力的一種，但比較偏向於正面形象，但魔力則不但有正面，也有反面的意義。意謂它雖具吸引力，但有時是致命性的。賺到錢的人想小勝變大勝，賠了錢的人則想反敗為勝，股市因此成為財氣與人氣最旺的地方。

186

盤整時主力股不能碰

　　主力和散戶，通常是對立的，在雙方的爭戰中，主力總是勝利的一方。所以，主力通常比一般散戶更難忘情於股市。也因此，當行情不利多方時，儘管許多散戶已經退場，有些主力股還是偶有激情演出。麻煩的是，既是激情，通常是短暫的，而許多散戶，因為看不懂線，摸不清盤，仍在盤整行情中追逐主力股，往往因此而受傷，太划不來了！

　　請看圖A大盤日K線圖：

　　大盤自97年5月20日於9309成頭走空，在歷經約半年的下跌走勢後，才在同年11月21日的3955成底，並進入了一波三個多月的橫向盤整。

　　股齡三年以上的投資人，應對這段盤整行情記憶猶新，而且「餘悸猶存」！

　　為什麼說是餘悸猶存呢？

　　因為太難操作了！

主力股跑短線

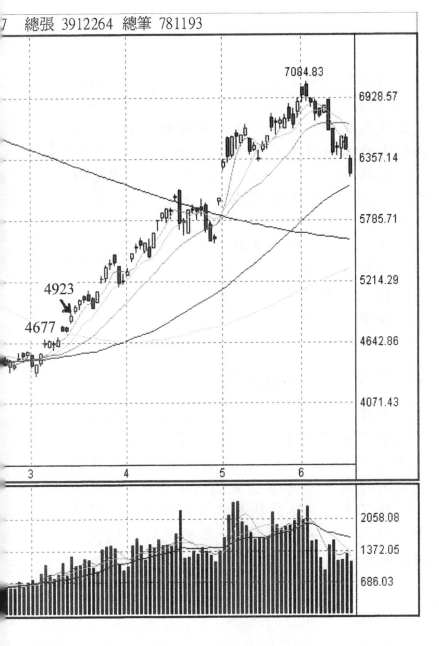

盤中有個股走強，只要一追進去，八成以上就會被「掛」在半空中，就算當天沒被套，股價攻收漲停，第二天也未必有好果子吃，因為只有一天行情而已！

　　這種現象，一直要到98年3月，價連續二次穿頭，形成穿頭慣性後，才有了本質性的改變。

　　所謂二次穿頭，是指：

　　4677突破4607。

　　4923突破4817。

　　讀者們也許要問？

　　要不要等5095突破後再進場？

連二次穿頭即可能成慣性

　　其實不必了，只要價連二次穿頭，就有七、八成形成穿頭慣性的可能。若等5095突破再進場，不但距底部價3955又遠了些，成本也相對提高，不符儘量買低的操作原則。

　　說了半天，這到底是二年前的事了，不妨看看最近一波的盤整行情，或許更能提供教訓與借鑑吧！

好！就拿現在（100 年 1 月 18 日）的行情做例子吧！

請看圖 B 大盤日 K 線圖：

如何扭轉法人盤的牛皮性

在本書「法人盤與主力盤」一文中，筆者已明確指出，99 年 12 月雖然大盤整體上是上漲，由於走勢不夠俐落，經常演出假穿頭，即使法人大量買超，技術面上雖是呈多頭，本質上其實是盤整行情。

因為是盤整行情，操作上易賠難賺，散戶因此不願追價，所以價雖漲，量卻出不來。想要改變這種態勢，只有以至少三根以上的長紅（大盤漲 1.5% 以上就算長紅），以此警告投資人：

再不進場，價格將只高不低。

因此而吸引投資人掏錢買股，將行情向上推。

除此之外，別無它途。

盤整盤別追高

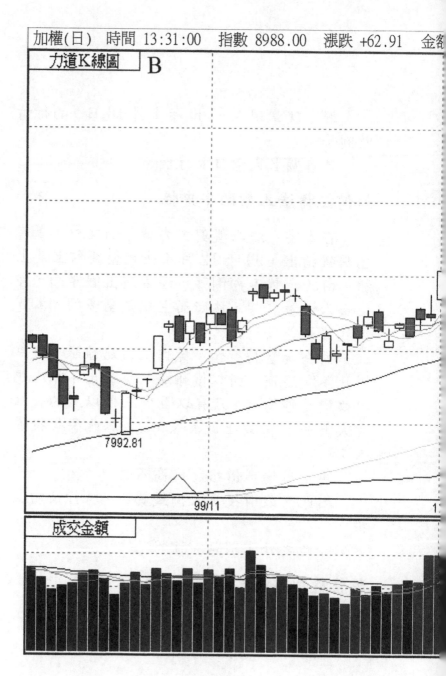

力道K線圖　B

7992.81

99/11

成交金額

行情進入 100 年 1 月後，走勢反而比 12 月份要差：

12 月是多頭盤整盤，但，1 月份則是純粹的盤整盤，這就限制了主力股的用武之地了！

這種盤整行情中的主力股，只要盤中一動（上衝），就會是陷阱，因為都是短線，一追價，就幾乎免不了受傷，差別只是小傷、大傷而已！

請看圖 C 天揚五分鐘走勢圖：

100 年 1 月 7 日（圖中☆所指處），天揚無懼於當日大盤偏空的走勢（見圖 B☆所指處），開盤一分鐘，即直攻漲停鎖死，當日總成交量不過 382 張，但漲停掛進高達一萬三千餘張，走勢超強。

強勢股一天行情

請注意，這種盤中旱地拔蔥，直奔漲停且鎖死不動的走法，完完全全是主力介入的訊號。抑有進者，天揚是一檔標準的主力股，特別是當天大盤頗為弱勢，在弱勢行情中，通常只有主力股敢藉著價低本小硬幹強攻。然而，不

管多兇悍的主力，也得順勢藉勢，只有不聰明的主力才會與大勢站在對立面（但這種主力極少，因為早早就掛點出局了），而不幸的是，大盤現階段就是橫盤，這就注定了，不管今天的天揚有多強，它就是走不長、不能持強。

強勢股也難賺錢

憑藉著前一日的超強走勢，隔日天揚順勢跳空開高 11.5 元，距漲停價 11.55 元，只差 0.5 元，但就是上不去，開盤價正好是當日最高價，而且這個最高價也只是曇花一現而已。除非能在開盤前就立刻掛漲停價以下出，否則，就盤中走勢來看，根本沒有賣到高價的機會。換句話說，即使 1 月 7 日能買到，但受制於盤整行情，還是賺不到錢，頂多不賠而已！但話又說回來，若 1 月 8 日沒賣的話，5 天後，就等著看 10.25 元了！

然而，買到天揚還算幸運的，若是買到下面這支股，就只能認栽。

請看下面 D 國眾五分鐘走勢圖：

和天揚一樣，國眾也是檔主力飆股，而且

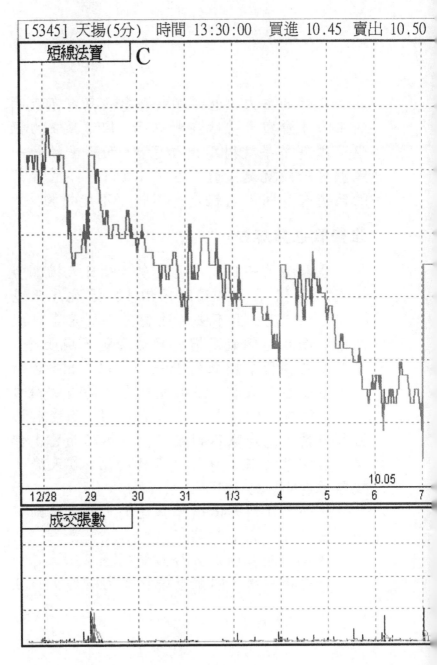

[5345] 天揚(5分) 時間 13:30:00 買進 10.45 賣出 10.50

短線法寶 C

10.05

12/28　29　30　31　1/3　4　5　6　7

成交張數

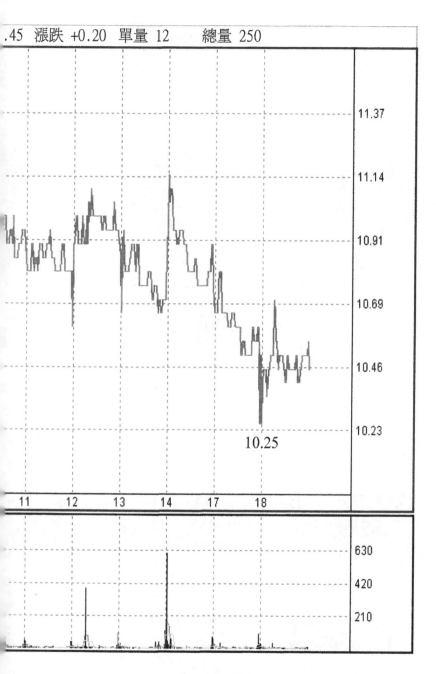

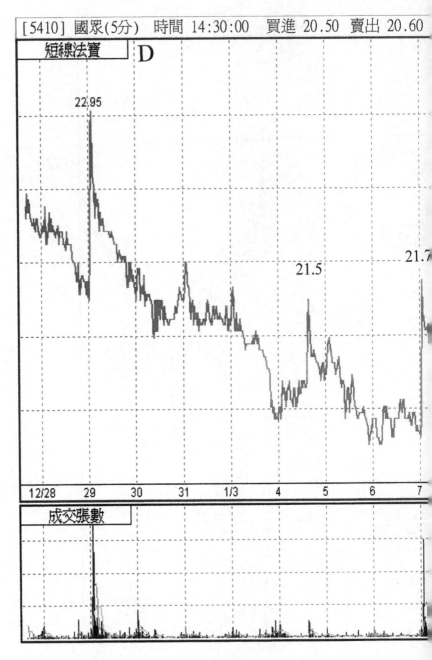

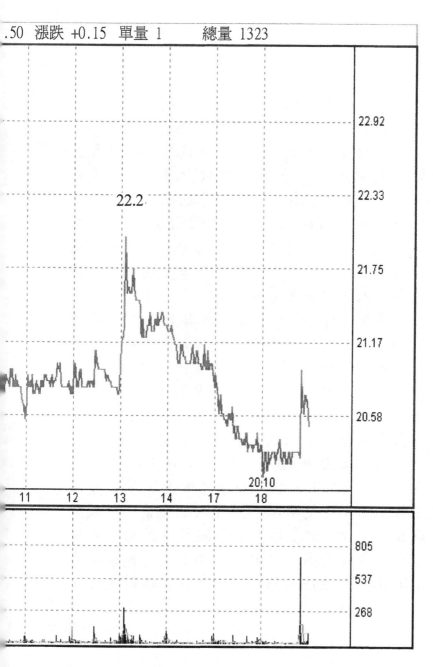

先前兇悍的程度比起天揚來，有過之而無不及，但又如何呢？碰到盤整，照樣變「豎仔」。

　天揚最精彩的一次演出，是 98 年 12 月上旬，股價自 6.83 元分三波段上漲，一個多月內，狂奔至 20.95 元，漲幅 206.7%。大約同一時期，國眾則自 10.25 元狂飆至 53 元，漲幅高達 417%。而二者在揚升全程中，幾乎都以強勢漲停演出，所以，當它們在盤中急衝時，難免不引人注目而奮勇追價。

　然而，時已移勢已易，今非昔比矣！98 年 12 月至 99 年 1 月中旬，大盤正是明確多頭，基於此，天揚和國眾，趁勢狂飆，合情又合理。但 99 年 12 月至 100 年 1 月中旬的大盤，就完全不是那麼回事了。關於這點，我們已在「法人盤與主力盤」一文中提過，此處不贅。

　請注意圖中 12 月 29 日、1 月 4 日、1 月 7 日及 1 月 13 日，盤中都急速衝高，單從盤面走勢來看，這是明顯主力介入的訊號，再鑑於以往的經驗，總會讓人以為飆勢將再起？不僅如此，每次衝高，盤中一定過前高，如果因為不識客觀大環境而搶進，就肯定要踢到鐵板了

，因為每次衝高後，都會快速拉回，讓人荷包失血。

　　簡而言之，即使在盤整期中，偶爾也會有主力在盤中點綴，但都只會是短打，一拉高就想跑，你一追價，就會掉入陷阱，不可不慎。

假穿頭──主力股的陷阱

　　股價走勢，有所謂穿頭，當價格突破前波高點，就叫穿頭。

真穿頭與假穿頭

　　穿頭又分二種：

　　1. 真穿頭。

　　價格突破前高後，繼續走高，續創新高。

　　2. 假穿頭。

　　價格突破前高後，無法繼續走高，反而拉回。

　　請看圖 A 大盤日 K 線圖：

　　圖中△①當天最高指數為8376，這個高點出現後，行情陷入整理，四天後（☆③），盤中最高來到8396，穿了8376的頭，但收盤卻只收在8370，不能站穩8376之上，這就是假穿頭。行情又走了二天，來到☆①這天，盤中

最高 8476，不但穿了前二個高點 8376 與 8396
的頭，且收盤價為 8450，還是站穩於 8376 與
8396 之上，讀者們切記一點：

穿頭的確認

價一旦穿頭，就不許回頭。

若是回頭，就是假穿頭。

若從此向上走一波，就是真穿頭了。

圖中☆②因為收盤價在△②的最高價之上
，自然也是真穿頭。

價一旦走真穿頭，就表示，這是個明確的
多頭市場，是賺錢的最佳良機。

再看圖中左邊三個高點，分別是：7999、
7990、7950，價越來越底，根本連盤中都穿不
了頭，這就表示，行情仍處於盤整期中，操作
起來，恐怕很難賺錢。

主力股的假穿頭

搞清楚真穿頭、假穿頭後，再來看主力股
常見的假穿頭現象。

為什麼主力股會有假穿頭？

力道K線圖　Ａ

7999　　7990　　7950

7306.07

5/12　　　96/1　　　2　　　3　　　4

成交金額

因為股價拉過了頭。

之所以會拉過頭，是因為主力拉得興起而忘忽所以。拉得太高，散戶不願再跟，加上大盤走勢又不明確，出貨不易，所以，刻意製造一個穿頭現象，藉此引誘散戶：

我又創新高了，攻勢將再起，上車請早！

但散戶並不認同，當然也不肯跟進，主力一看計不得逞，又不敢再往上拉，以免越陷越深，不得已只好回頭，因而形成假穿頭。

假穿頭就拔檔

當價出現假穿頭，就表示漲升力道弱了，漲不上去了，甚至要回跌、要大跌了，不僅不能進場，反而還應拔檔，甚至反手空呢！

請看圖 B 志豐日 K 線圖：

志豐自 99 年 9 月初的 25.5 元啟動，二個月之內，強攻至 60.5 元，漲幅 137%。同一時間內的大盤，不過自 7625 上揚至 8386，漲幅才 9.98%。顯然志豐力道比大盤強了十三倍多，若非主力股，決不能至此。

當志豐價至 60.5 元時，因上攻無力而壓回

至 47.2 元。

　　請注意，60.5 元盤中穿頭這天，量只有 383 張，這種低量，表示主力並沒能順利出貨。因為貨還沒出，主力面臨二種選擇：

　　1.向下壓低出貨。

　　2.拉高再出。

　　主力選擇了第二種，遂於 11 月中打成小底後反攻。

　　61.5 元波段高點前一天，價收最高 60 元，距前波高點 60.5 元，只有一步之遙。隔天順勢開小高 61.5 元，穿了 60.5 元的頭。然而，穿了頭後，不但不能持續走高，反而向下壓低，開盤價成了最高價，終場收了根開高走低的黑 K 棒。第二天又來了根長黑，61.5 元成了新的壓力，而價也順勢回檔至 52 元，這個價位並沒有破前低 47.2 元的底，三天後，又反彈至 58.5 元，但連三天，最高一來到 58.5 元，就被打了回來，58.5 元成了最近的壓力點，除非能迅速將之克服，否則，假穿頭已可確立矣！

　　58.5 元連三天站不穩，頭肩頂成立，技術

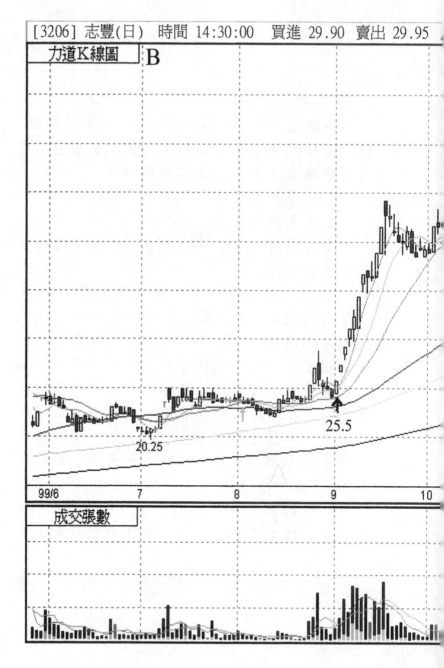

[3206] 志豐(日)　時間 14:30:00　買進 29.90　賣出 29.95

力道K線圖　B

成交張數

25.5

20.25

99/6　　　7　　　8　　　9　　　10

208

60.5

60

61.50

58.5

59.44

53.89

52

48.33

47.2

42.78

37.22

31.67

29

26.11

20.56

11   12   100/1

5739

3826

1913

383

面對多頭越來越不利，因而引發了大殺盤，一個月內重挫了五成以上，來到100年1月的29元才暫時止住，夠慘的了！

　　純粹就線論線，志豐不難解讀，但下面這檔，可就有點難搞了！

　　請看圖C玉晶光日K線圖：

　　圖中顯示，玉晶光是在99年7月初的74.8元成底，不到半年時間內，大漲至390元，漲幅421%，驚人極了！這種走勢，證明了它是一檔貨真價實的主力股，因為同一時間內的大盤，也不過從7251上揚至8769，漲幅才20.9%，玉晶光比大盤強了整整二十倍，若非主力有心作價，焉能致此！

拉過頭就做假穿頭

　　390元是個波段高點，而量只有1889張，對比拉升過程中的成交量，讓我們認知到，這又是一檔拉過頭，因而出貨不順的主力股。

　　股價拉太高，出不了貨，但主力並不認輸，仍在高檔演出強勢整理，試圖以高姿態誘取投資人的認同。但這波整理期中，最高只來到

389 元，距 390 元前高只差一元，就是不敢過，也過不了，因而引來了大殺盤。一連三天無量跌停，完全是「崩盤」架式，第四天又依慣性開出跌停，主力擔心形成真崩盤，遂硬著頭皮，從跌停 288 元拉出一根漲停大長紅，第二、三天又連拉漲停。這波強力反彈，不但扭轉了盤面與技術面的弱勢，最後又攻到了 385 元。七天之內，價自 288 元強彈至 385 元，幅度 33.6%，氣勢不可謂不強。不僅如此，距前波二個高點 389 元與 390 元，也已近在眼前，從盤面與技術面強度來看，穿頭似乎已屬必然？

請看圖 D 玉晶光一分鐘走勢圖：

延續前一天的強勢，411 元這天的玉晶光，以 399 元跳空開高，大漲半個停板，不但穿了 389 元的頭，也一舉突破了 390 元高點。二分鐘攻抵 403 元後，壓回至 398 元，然後強攻至漲停 411 元鎖死。然而，漲停鎖的並不緊，二分鐘內就被打開，而這二分鐘內不過成交了 64 與 71 張，這麼小的量即打開漲停，代表：

1. 主力已無心做價，否則會以大量掛進，穩住漲停。

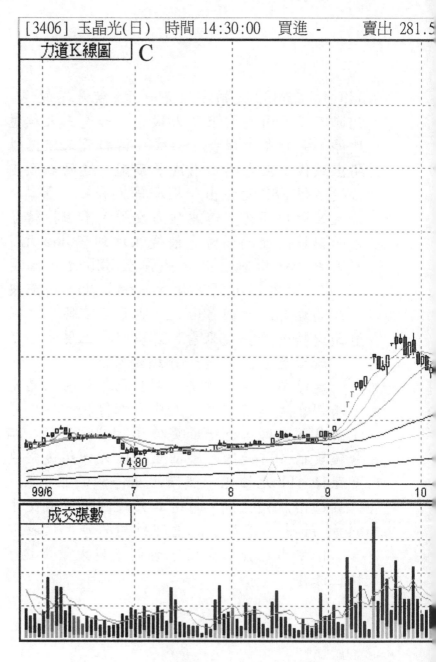

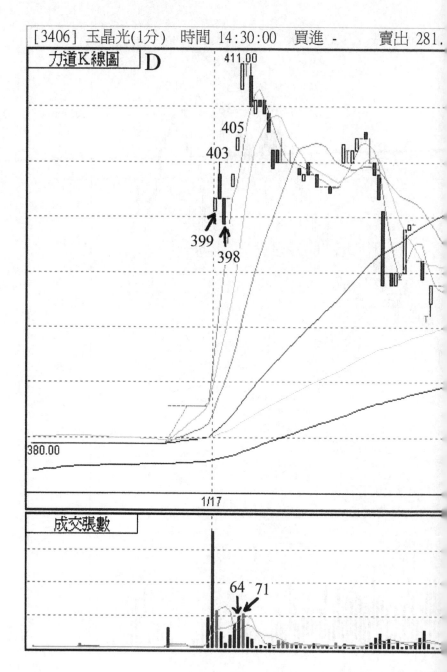

407.50

403.00

398.50

394.00

389.50

385.00

380.50

202

134

67

2.漲停價是被主力打開，而且是由買轉賣（盤中）之始——價開始站不住高檔而盤旋向下。

這個假突破帶來的效應是，日K連連長黑，圖中最後二個交易日，連殺二根跌停，尤其最後這根跌停更是弱勢（參看圖E），當天的大盤並不差，（看圖E右下角大盤走勢圖），但玉晶光在10:15時即跌停鎖死，到終場一直沒能打開，盤面及技術面顯示，弱勢已成，接下來，除非能再經過一番量縮的整理，並配合大盤走多，或許還有機會再攻，但若想再恢復99年9月至12月中旬的強勢，就不大容易了！

讀者們千萬記得一點：

價若處於高檔，一旦穿了頭，就不許回頭，一回頭就是假穿頭，這種走勢，就是主力擺下的「鴻門宴」，趕快閃人，否則，有你受的！

E

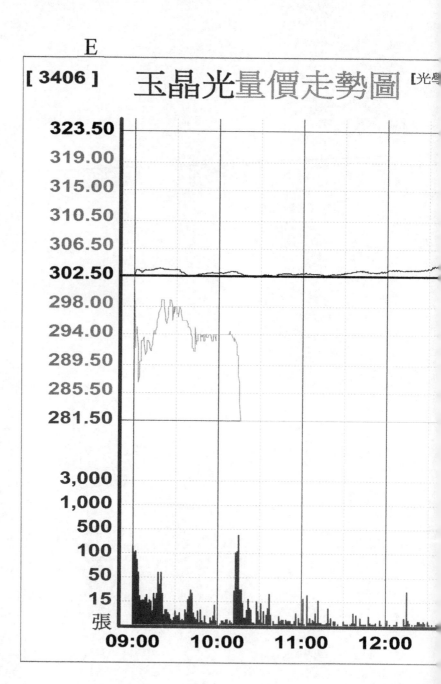

[Phone/SmartTV]	開盤	292.0	振幅	5.79%
	買進	-	最高	299.0
	賣出	281.5	最低	281.5
	收盤	281.5	漲跌	-21.00
	單量	7	均價	288.1
	總量	2,748	金額	7.92
	昨量	3,515	變動	0.78
	買量	-	賣量	680

加權(含)	9145.35	**+43.02**
加權(不)	7699.76	**+32.21**
成交金額	1436.54億	29.6

加權　9145 35　**+43 02** +0 47 %

+43 69

+21 85

9102 33

-21 85

-43 69

趕頭行情──主力股的終結

　　大盤空頭行情的尾端，會有趕底行情，但多頭的尾端，則沒有趕頭行情。

以長黑結束多頭

　　多頭行情的尾端，通常是由長黑棒引動。而長黑棒之前，卻很少見連續性長紅。這是因為多頭尾聲時，價格一定很高，價格高，不但操作成本高、風險更高，大戶都是聰明人，也通常是股市贏家，當然不會幹這種吃力不討好的不聰明的事。

　　請看圖 A 大盤日 K 線圖：

　　圖中 9807、9859、9309 以及沒能顯示的 8395（99 年 1 月 9 日），都是這三年多來，股市四個重要的頭部。這幾個頭部形成之後，都引動了一大波下跌行情，其中尤以 9309 這個頭部跌幅最深。

四個頭部的特徵

以 9807 而言，是根 2.33%的實體長黑。

以 9859 而言，四天內重挫了 606 點，當然也是長黑。

以 9309 而言，是根 2.59%的長黑。

以 8395 而言，是根 1.65%的實體長黑。

這四根長黑，都曾讓大盤出現了數以千點計的空頭走勢。

再仔細的看看，這四個大頭出現之前，有沒有連續性長紅，也就是趕頭行情呢？

答案是沒有！

看到這裡，讀者們也許會問？

大盤多頭尾端價高，所以沒有連續性長紅的趕頭行情；但空頭尾端價格已經很低了，為何大戶還要把價大幅殺低，這不是拿石頭砸自己的腳嗎？

問得好，但情況不同。

恐慌性殺盤的好處

價高檔之所以會形成頭部，是因為大戶積

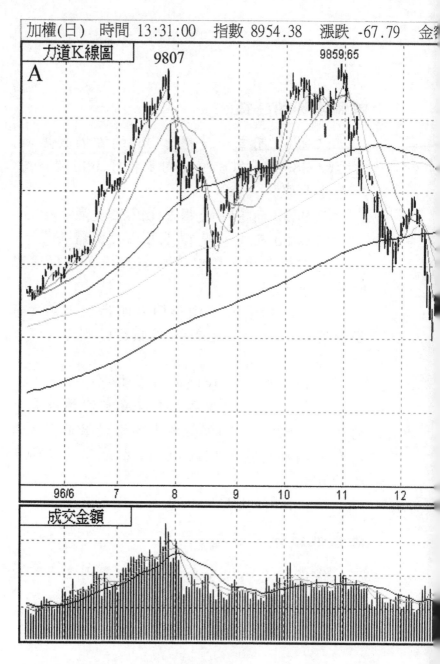

力道K線圖　　　　9807　　　　　9859.65

A

96/6　　7　　　8　　　9　　　10　　　11　　　12

成交金額

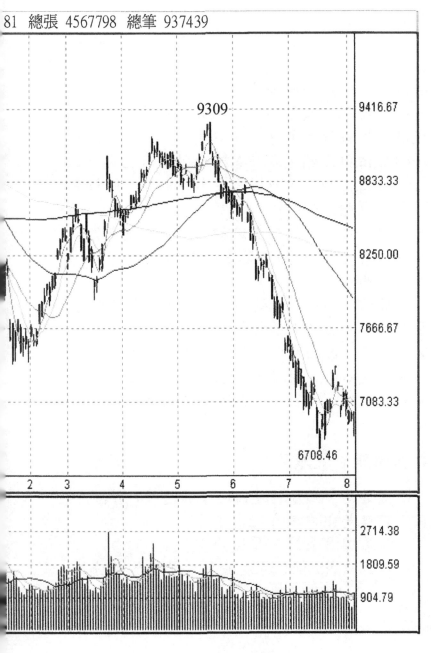

極站賣方所致，因為此時不跑更待何時？

　　當價在空頭尾端時，把價格壓得更低，造成恐慌性殺盤，則有二個好處：

　　1.清出浮額，以積累未來的漲升空間。

　　2.價格越低，則持股成本相對低，獲利空間越大。

　　簡言之，大盤沒有趨頭行情，是建設難，有趨底行青，則是破壞容易。用這種方式解說，，就更明白了！

　　然而，個股和大盤不同，控制大盤行情幾乎不可能，因為大盤是個超級龐然大物，沒人掌控得了。但個股則不然，尤其多數主力飆股，通常股本小、股價低，稍具實力的主力，只要和公司派達成默契，掌控股價高低幾乎易如反掌。

為何飆股會趨頭？

　　問題是，主力飆股為何會有趨頭行情呢？

　　這就是主力厲害之處了！

　　請看圖 B 唐鋒日 K 線圖：

　　唐鋒自 99 年 6 月底啟動攻勢後，共分三

波上漲；第一波自 31.6 元至 94.9 元，整整漲了二倍，幅度不可謂不大。但主力並不滿足，經過五天的整理後，又自 84 元強攻至 171.5 元，這又是一倍多。若自 31.6 元起算，總漲幅已達 442.7%。因為短線實在漲太多，所以，在 156 元至 299.5 元這波攻勢中，雖然連攻九支漲停，但前四根開平走高的走勢，相對於前二波幾乎天天噴出，顯示投資人追價意願不強。主力迫於形勢，只好以大量將價強拉至漲停。天價 299.5 元前的最大量 4439 張，就是這樣冒出來的。

為散戶編織美夢

散戶追價意願不強，主力就很難出貨，為了吸引散戶進場，以便培養未來的出貨對象，主力便為散戶編織了一個新的美夢：

你以為我不強了嗎？

你以為高點已到了嗎？

沒有！不但沒有，反而是另一波噴出走勢的開始！

於是，在連四天開平走高的之後，又新來

力道K線圖　B

19.40

99/1　　　　2　　　　3　　　　4　　　　5

成交張數

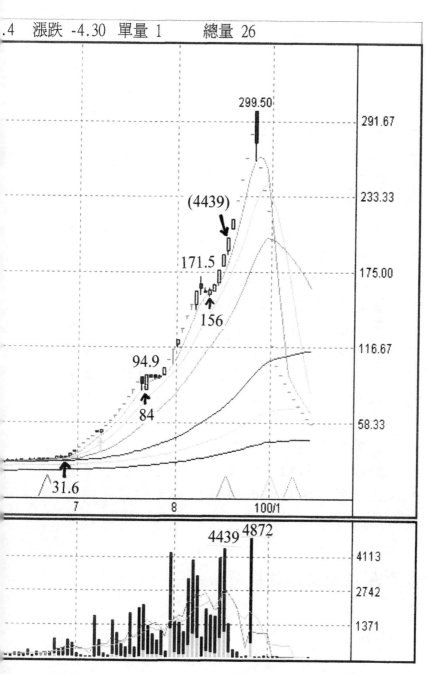

一波噴出走勢，請細看 299.5 元之前二天的成交量，低到只有 64 張，這就是所謂「窒息量」了！

福兮禍所伏

面對這種現象，請記住人類史上最偉大智者老子的名言：

「禍兮福所倚，福兮禍所伏」。

窒息量所代表的意義就是：

籌碼已被鎖定──股票大部份都已落入主力手中。既然股價已漲了這麼多，而主力居然還要買，還要大買；還要拉，還要大拉，這不就表示，個股一定具有再大飆特飆的條件了嗎？

這等於是擺明了告訴散戶：

既然主力敢拉，敢大拉，你為什麼不敢買，不敢追呢？無論盤面或技術面都顯示，價將進入最兇悍的主升段了，越晚進場，價錢將越高！

散戶無戒心主力趁機開溜

不少散戶因此失去戒心，奮勇追價，而這正是主力想要的！

　　孫子兵法說：出其不意，攻其無備。

　　當散戶無備時，就是主力出其不意的好時機了！

　　請看圖中 299.5 元那天，就來個開高走低的大長黑，當天爆出了 4872 張的歷史天量，在散戶驚愕未止之時，主力出貨矣！

　　再看另一個比唐鋒更兇悍的例子。

　　請看圖 C 昱泉日 K 線圖：

　　昱泉比唐鋒更兇悍的地方是：

　　唐鋒在出貨前只走了四天的噴出行情，但昱泉根本從啟動飆升時，就是噴出。

　　圖中☆所指，即是起飆日，當天開盤跳空漲停 51.1 元，盤中漲停打開壓回至 49.1 元即收起，從此每天開盤跳空漲停，一口氣連拉十九根長紅，除了△所指那二天，因為洗盤而打開漲停並出大量之外，其餘時間都走無量噴出。除了主力自己沒人知道何時會停車，散戶自然更不會知道，價何時會反轉，既然一切都是未知數，當然每一天都有結束行情的可能！

力道K線圖　C

17.00

97/12　　　98/1　　　2　　　3　　　4

成交張數

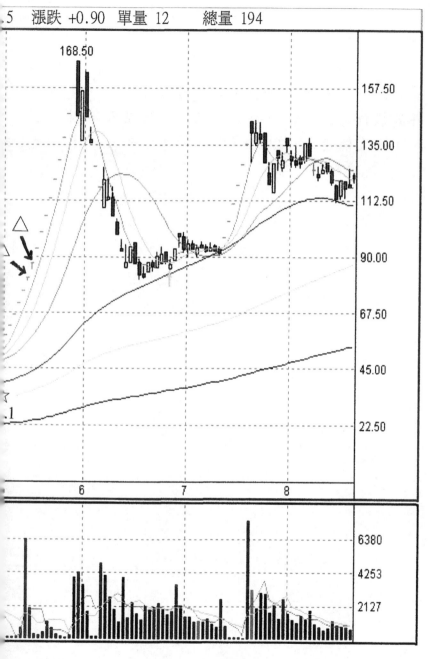

碰到這種讓人期待又怕受傷害的走勢，最好的操作方法，就是每天盯盤，一旦苗頭不對，就得拔檔走人，以免讓煮熟的鴨子給飛了！

慣性改變——主力股的成頭

　　一般主力飆股行情的結束，通常不外兩種原因：

飆股結束的二個原因

　　1. 不想玩了：

　　股價拉得夠高，主力覺得夠了，於是，利用極高的人氣，由強轉超強——走一段或再走一段噴出，誘使散戶追價，趁機出貨，如「趕頭行情——主力股的終結」一文中的唐鋒與昱泉。

　　2. 玩不下去了：

　　股價是拉高了，但越高主力越害怕，因為沒人跟了，聚不起人氣，心虛之餘，操作手法因而丕變——由強轉弱——盤面走勢相對以往，勁道大不如前，這就宣告了主力無心戀戰，頭部已不在遠矣！

趕頭行情和慣性改變的不同

看到這裡，讀者們也許會問：

趕頭行情和慣性改變有何不同？

前者是物理變化──強轉超強，還是強。

後者是化學變化──由疾趨緩，轉弱矣。

請看圖 A 華美日 K 線圖：

華美自 98 年 10 月的 4.9 元啟動，一口氣連拉十二根漲停，價攻抵 11.1 元後，經過二天的整理，又自 9.25 元拉升至 13.55 元才結束。

請注這兩波攻勢的差異性：

第一波（4.9 元～11.1 元）全走噴出。

第二波的第一天(9.25 元)，因為面臨 11.1 元的壓力，且又是回檔後的第一根長紅，所以，開平走高是正常走勢。第二天隨即以跳空漲停、低量、鎖死的噴出方式突破 11.1 元壓力。第三天更兇悍，不但噴出，且量縮至 165 張的窒息量。從技術面看，一副擺明了我將再起的態勢，但第三、四天就有點洩底了！

為什麼？

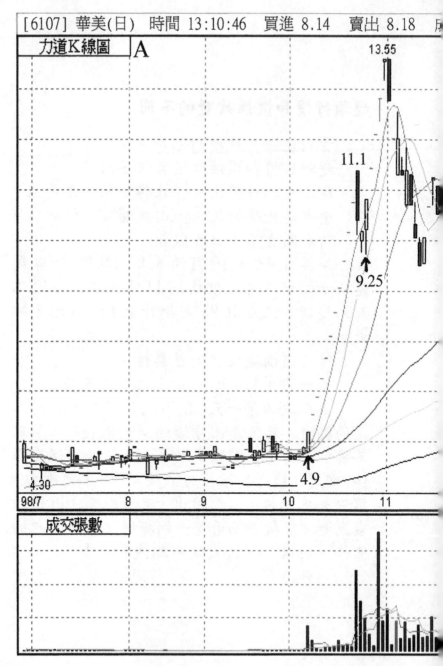

力道K線圖 A

[6107] 華美(日) 時間 13:10:46 買進 8.14 賣出 8.18

13.55

11.1

9.25

4.9

4.30

98/7   8   9   10   11

成交張數

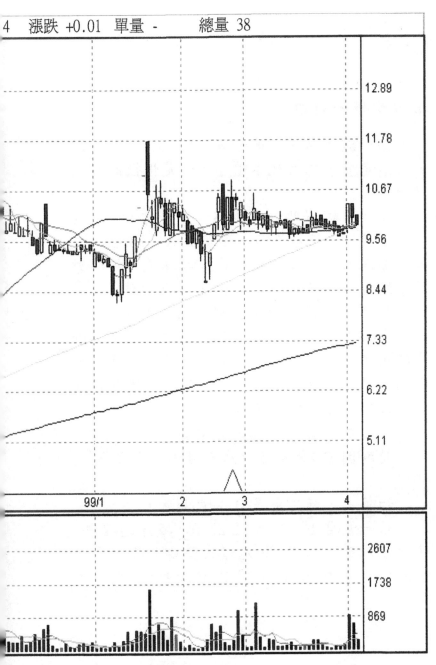

慣性改變的訊號

　　第一波攻勢中，連十天走噴出，但第二波，只不過噴了二天就不噴了，這是慣性改變的第一個訊號。

　　第四天還好些——雖然有下影線，但至少開盤漲停，收盤也漲停，但第五天（13.55元）又比第三天弱了些，雖然還是收漲停，但開盤並未漲停，這是慣性改變的第二個訊號。

　　到了第六天，就完全不對勁了！

　　第五天至少還開高走高收漲停，但今天則是開出了平盤13.55元，力道越來越不足，已有明顯轉弱的趨勢，這是慣性改變的第三個訊號，頭部到了，該拔檔了！

　　再請看圖B富強鑫日K線圖：

　　請看圖中99年3月底至4月底的這波走勢。

　　和華美一樣，也是分二波上漲。

　　第一波自12.25元至29元，飆升過程中，連噴了八天，只有29元這天與前一天，力道才減弱。但24.6元到36.2元這波，和前一波

238

攻勢比起來，強度差了很多。第一天（24.6元）開低走高屬正常。第二天，因為面對 29 元個壓力，開高壓回，留下影線，最後收漲停，仍可接受。但 29 元壓力既已過了，第三天卻開平，這就表示無論主力作價或散戶追價的強度都已大不如前，這是第一個慣性改變的訊號。

第四天的情況稍好一些，開高走高，雖然留下了不算太短的下影線，但至少收漲停，且量急縮（圖中☆所指處），似乎又有再噴出的味道。但第五天又有點不大對勁，竟一反常態地開出漲停來，這是慣性改變的第二個訊號。如果漲停鎖住不動，或小開一下又立刻收起，則是再轉超強的好的慣性改變。然而，漲停只是曇花一現——價立刻急殺，相對於以往的開平走高，這是慣性改變的第三個訊號。

價不但急殺，而且輕易地殺破平盤，這是第四個慣性改變的訊號，慣性一連四變，36.2 元成頭已幾乎確定了！

慣性說變就變

239

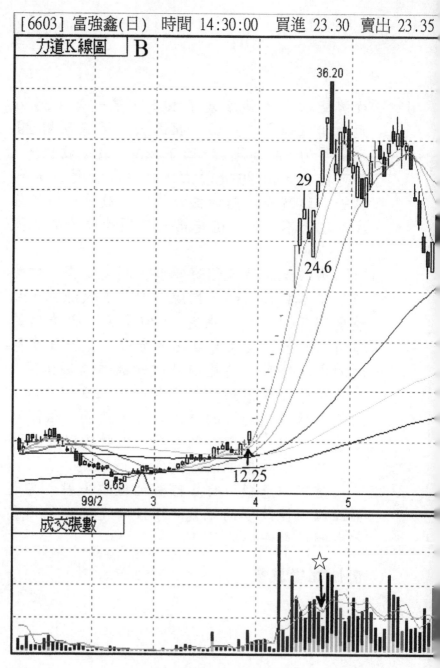

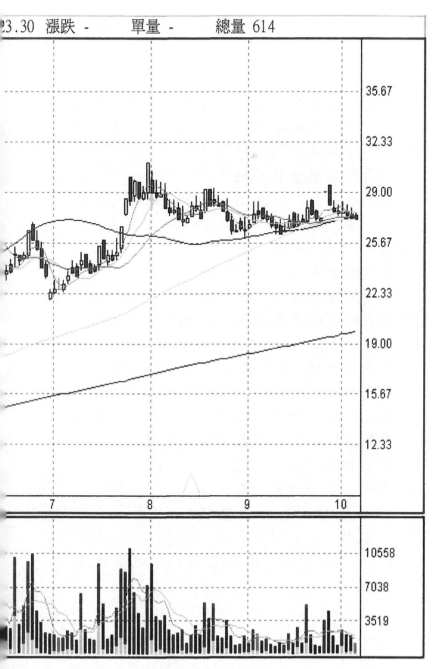

35.67

32.33

29.00

25.67

22.33

19.00

15.67

12.33

7   8   9   10

10558

7038

3519

上述華美和富強鑫的慣性改變，至少在改變之前，還有點蛛絲馬跡，但下面這二種慣性改變，可就讓人有點傻眼了！

請看圖Ｃ興泰日Ｋ線圖：

興泰也是分二波上漲，而且二波都是走噴出。第二波☆那天，雖然漲停打開，但隔天又走噴出，所以，開題不大。

有問題的是91.1元這天。

前一天還在噴出，依照股價的運動慣性，就算要成頭，也要先開高再走低才是，沒想到開盤價91.1元，只比前一天收盤價90.3元小漲了0.8元而已，0.8元只是0.8%的漲幅，這可說是開平，頂多小高，相對於前一天的跳空漲停鎖死，這是非常明顯的慣性改變，一般投資人看到這樣的開盤價都會錯愕不已，可能一下子還無法立刻做出決策。這時候，不妨觀察二點：

1. 若是向上走，一旦盤中上不去，宜立刻拔檔。

2. 若是向下走，則應毫不猶豫地市價殺出。

242

其實，不管向上或向下，都宜出場，因為慣性改變已經很確定了！

讓人迷惑的慣性改變

最後，再看一種讓一般資人很難應對的慣性改變，請看圖 D 建達日 K 線圖：

現在回頭看，58.3 元這天，當然是頭部，但回到這一天，如何在盤中下決策呢？

1. 開盤依往例開漲停。

2. 雖然漲停打開，但價只小幅壓回至 57.6 元，只小跌了 0.7 元，回幅不過 1.2%，且 57.6 元就是盤中最低，全場一直守住不破。

3. 量並無異常，終場也只有 5398 張，相對於以往，不像是出貨量。

計將安出？

事實上，建達全場都守住漲停不動，它的毛病是出在收盤前十分鐘，請看圖 E 建達五分鐘走勢圖：

圖中顯示，建達在 13:20 以前，都守住漲停。

然而：

力道K線圖　C

31.60

99/4　　　　5　　　　　6　　　　　7　　　　8

成交張數

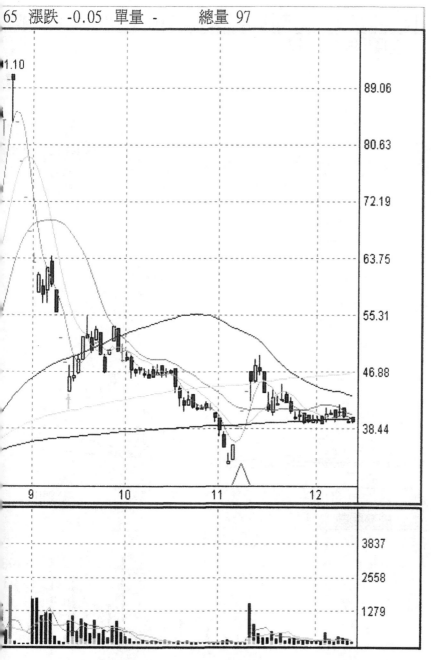

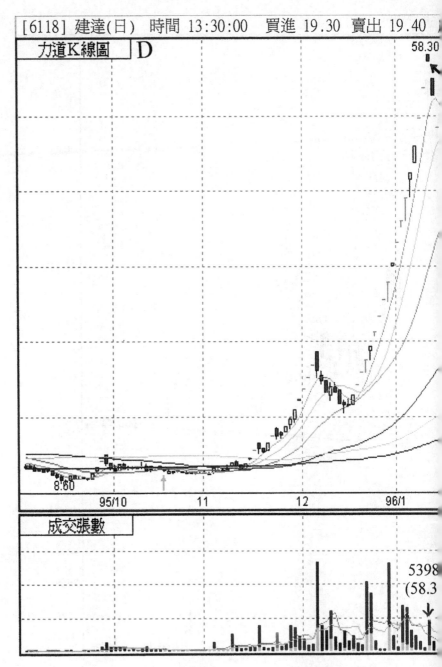

力道K線圖　D

58.30

8.60

95/10　　11　　12　　96/1

成交張數

5398
(58.3

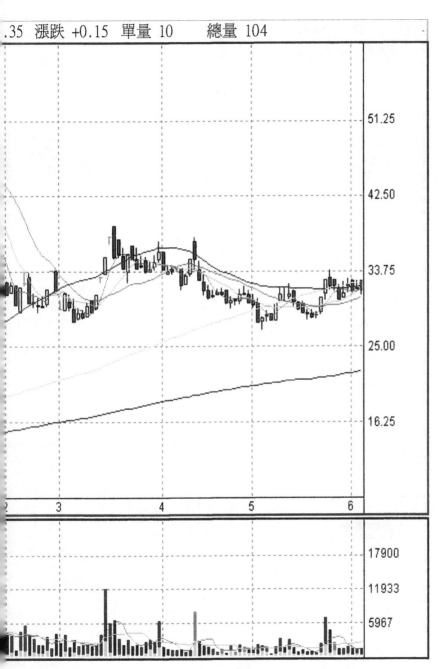

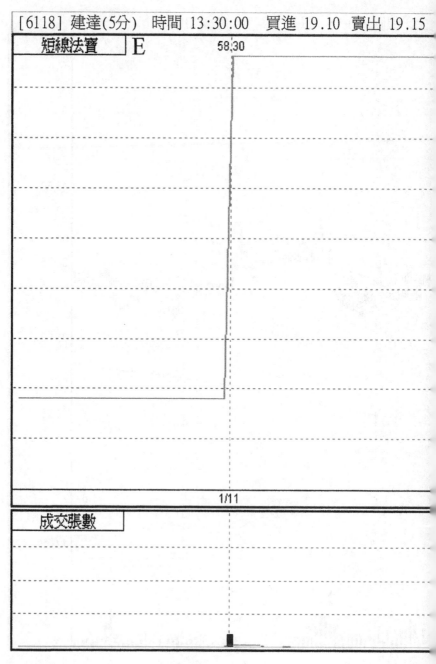

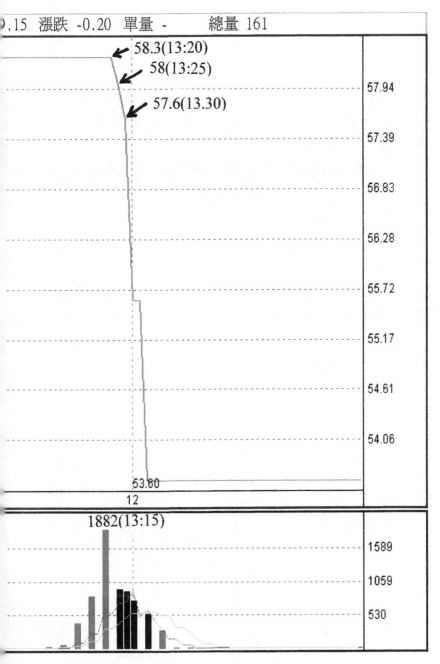

1. 13:15 時爆出了一筆 1882 張的大量,而前一天的總量,不過 525 張而已,這是慣性改變的第一個訊號。

　　2. 13.25 時,漲停打開,價壓回至 58 元,這是慣性改變的第二個訊號。

　　3. 13:30 收盤,價再壓回,收在 57.6 元,無法再如以往般收漲停,這是慣性改變的第三個訊號。

　　慣性既已在 15 分鐘內連三變,頭部訊號就很明顯了,如果第一、二個訊號都沒賣,13:30 最後一盤也該賣,如果都還沒賣,隔天的開低走低就是 58.3 元頭部完全確立的訊號,再不賣,接下來就等著大幅拉回了!

是洗盤呢？還是出貨？

洗盤是主力飆股常見的現象，目的是把跟轎者請下車，換一批新轎客，重新展開另波新攻勢。

洗盤的盤中與技術狀態

飆股的洗盤，通常是：本來走的好好的噴出行情，突然爆量打開漲停，盤中一陣震盪後，再收漲停。但更多的洗盤方式，則是首度日 K 收黑，經過幾天的整理，或一段幅度的壓回後，再拉出漲停，再飆一段。

比較麻煩的是，出貨的技術現象和洗盤幾乎一樣，不同的是結果。究竟要如何分辨二者的差別，以免錯把「馮京當馬涼」，失手把手中的金雞母給宰了呢？

先看看飆股是怎麼洗盤的。

請看圖 A 建達日 K 線圖：

建達自 95 年 11 月中旬的 10.8 元啟動，經過一番漲升後，於 12 月 1 日（☆所指處）起，展開噴出走勢。23.85 元波段高點這一天，照往例開出漲停，但慣性隨即改變——爆量、漲停打開、價快速拉回、殺至跌停，終場收了一根留下影線的實體長黑。

爆量收黑先拔檔

這種盤面走勢，對所有「坐轎者」而言，本能反應就是「下轎」，以免已到手的利潤，被咬掉一大口。

技術面方面，也顯示出先賣為宜。因為，不但日 K 長黑，更重要的是，爆出了 15738 張大量，頭部跡象極明顯，不快點閃人何待？

事後證明，當時拔檔完全是正確的操作。23.85 元的巨量長黑，造成價七天內大幅拉回至 16.75 元，跌幅近 30%，太可怕了！

現在，問題來了，股票賣了，錢也賺到手了，接下來呢？

對「舊愛」多關愛

253

力道K線圖　A

成交張數

75 漲跌 -0.10 單量 1　　　總量 70

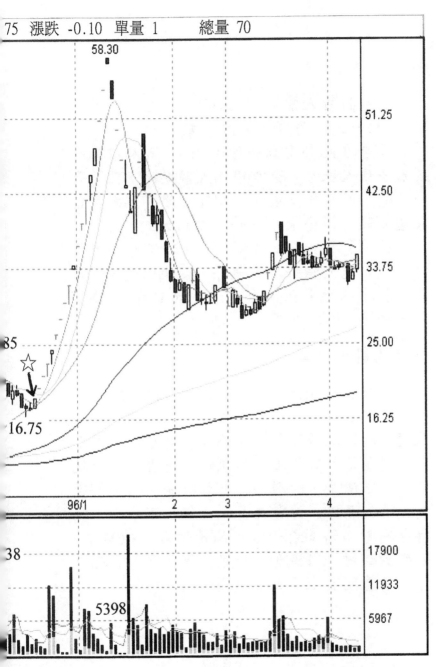

一般投資人常犯的毛病是，既已成「舊愛」，便扔一邊，另尋「新歡」去了。

　　筆者在此鄭重勸告讀者們：「新人雖言好，未若故人姝。」除非確認大盤從此走空，否則，還是對舊愛多投注一點關愛眼神，尤其當大盤多頭行情還未結束時，更該如此。

　　16.75元短底成立後，只整理了一天，又於☆所指這天強勢攻上漲停。從此以後，一口氣連拉十八根長紅。自16.75元狂奔至58.3元，漲幅248%。

一日洗盤大甩轎

　　飆股出現長黑回檔，若是從此價一蹶不振，就是出貨。如果稍事整理後，立刻又強攻漲停呢，就是洗盤了。既是洗盤，自應趕快再上車。問題是，有些主力極兇悍，洗盤僅一天就完成，方法是，開漲停、爆量打開、一番震盪後，再收漲停。但有許多人往往一下車後，就再也不肯回頭多看一眼，而是忙著「換車」，若碰到這種一日洗盤的飆股，簡直讓人嘔死！

　　請看圖B三晃日K線圖：

圖中三個☆所指處，就是一日洗盤。如果沒有拔檔後又回頭多看兩眼的好習慣，以☆①為例，在14.3元賣出，最高來至27.8元。若以9.96元買進100張來算，獲利僅43.5萬元，如果能賣在27.8元附近，理應有最高達178.4萬元的賺頭，但因早下車而又未能及時再上車，十天內，整整少賺了134.9萬元，太划不來了。

　　解決了洗盤的問題，現在談談出貨。

飆股出貨未必大量

　　在許多投資人的認知裡，出貨一定要量大，量大才是出貨的訊號，才是拔檔下車的時機。就是這種錯誤的觀念，經常讓已經到手的大肥鴨飛走了。

　　請看圖C美德醫日K線圖：

　　現在回頭看，17.45元的美德醫，可以確認是百分之百的頭部。但對當時的許多跟轎者而言，卻出現了一個盲點，這天的成交量只有12837張，先前共有四根長很多的量棒擺在眼前（圖中☆所指處），最大量還高達43108

力道K線圖　B

27.80

24.3
☆③

18.65
☆②

14.3
☆①

9.96

6.92

96/4　　5　　6　　7　　8

成交張數

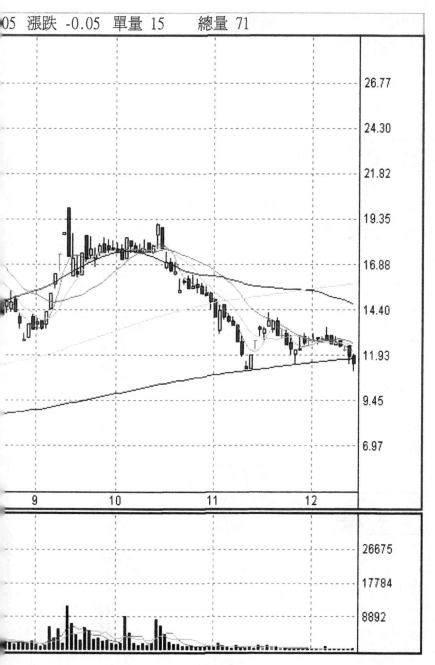

26.77

24.30

21.82

19.35

16.88

14.40

11.93

9.45

6.97

9　　　10　　　11　　　12

26675

17784

8892

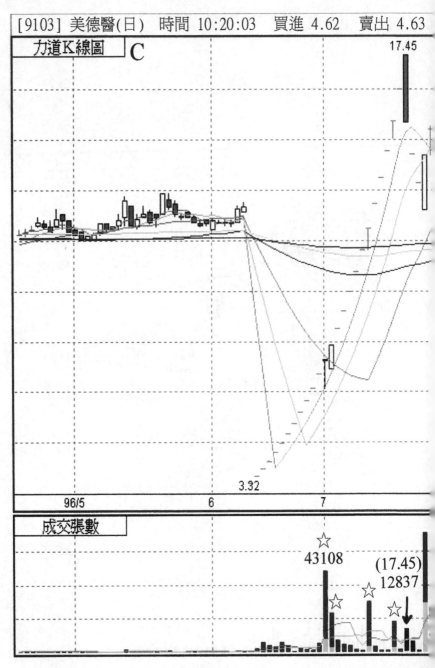

力道K線圖 C

17.45

3.32

96/5　　　6　　　7

成交張數

☆

43108

(17.45)
12837

☆　　☆

☆

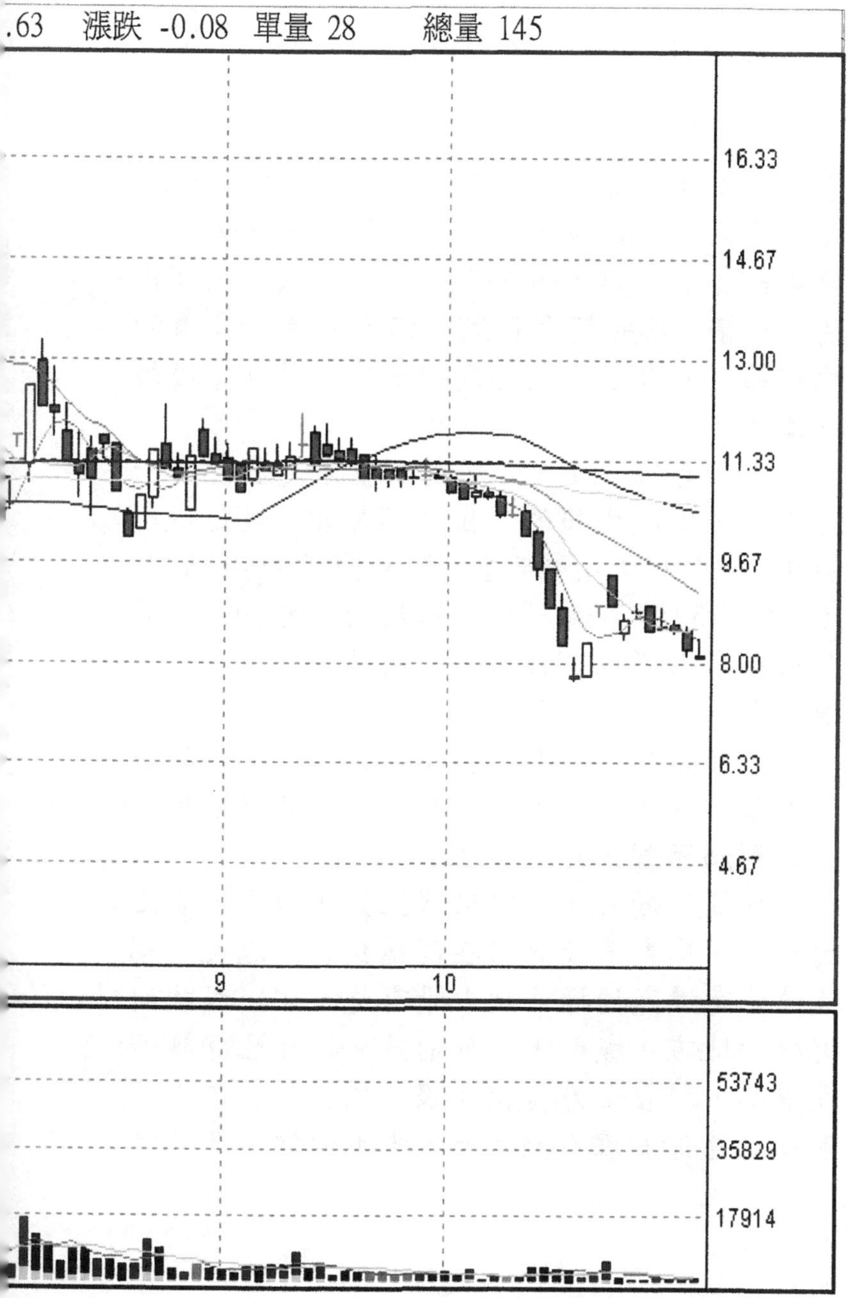
.63 漲跌 -0.08 單量 28 總量 145
16.33
14.67
13.00
11.33
9.67
8.00
6.33
4.67
9
10
53743
35829
17914

張，基於市場流行的「量比價先行」的「原則」（這是個絕對錯誤的觀念），這麼小的量，怎會是出貨？所以，明明 17.45 元這天，已經出現了一根 14% 的超大長黑，仍有人會一廂情願地認為，主力還沒跑，或跑不掉，還會有後續行情？

咦！有誰規定，一定要大量才是出貨？一定要大量才能成頭的？拉高不能出，我壓低出總可以吧？以美德醫而言，自 3.32 元拉到 17.45 元，帳面利潤高達 475%，這麼大的空間，除非全出在半山腰以下多多，否則還是賺，還是大賺啊！

不僅如此，主力貨有沒有出，干一般投資人啥事？重要的是，我能否在最高點附近拔檔，把利潤落實，這才是王道啊。

本篇的題目，雖然形式上是出貨，但真正的重心，其實是談如何在高檔拔檔，能在高檔拔檔才是漂亮的操作啊！股市是一個以成敗論英雄的地方，成則王，敗則寇。把自己保護好最重要，別管主力貨出了沒。同樣的，主力才不會在意你有沒有被套牢，才不管你是死是活

呢！

　　好！既然不必理會主力貨有沒有出，出不出得了？那身為跟轎的散戶，又該怎麼拔檔下車呢？

　　答案是：慣性改變。

　　以美德醫而言，17.45 元這天，就是慣性改變：日 K 大長黑，這是起飆以來，從未有過的事，不管主力貨出了沒，當然火速走人了。

　　再請看圖 D 與泰日 K 線圖：

　　線圖顯示，91.1 元，確確實實是興泰的頭部。和美德醫一樣，頭部也是因慣性改變而形成的，只是表現方式有所不同，美德醫是開高走低收大長黑，但興泰雖在前一天走噴出（開漲停、鎖死、低量、大量漲停掛進），但今天卻沒有順勢開高，盤中雖下壓至跌停，但收盤留下長下影線，日 K 雖收黑，價卻收平盤。雖然量只有 2232 張，相對前面那根 4545 張的大量，確實出不了貨，出不完貨，但不必管這些，因為慣性確已改變，當然還是得拔檔，除非它能快速再站穩 91.1 元之上，否則，就得等著看它一路急殺至 33.3 元了。

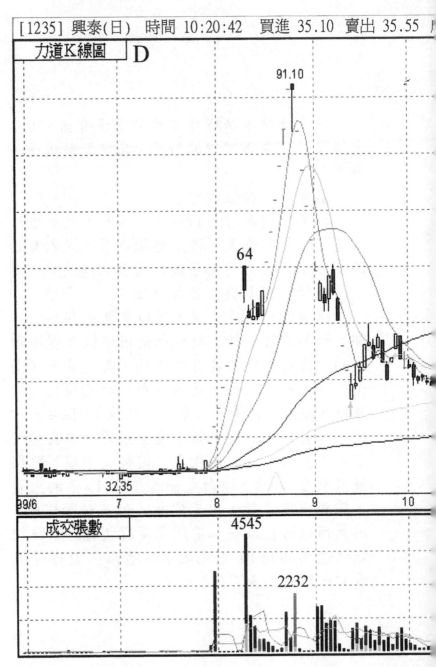

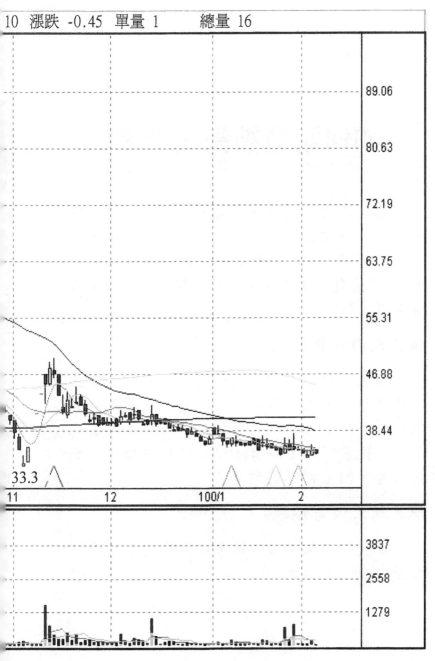

89.06

80.63

72.19

63.75

55.31

46.88

38.44

33.3

11   12   100/1   2

3837

2558

1279

如何避免被飆股套牢

一般而言，大多數的飆股，本質都不怎麼樣（當然也有例外），因而法人都不大願意買（反過來說，通常法人喜歡買的個股也不大會飆），願意買、喜歡買、甚至大買的，通常是市場主力。

飆股大都打籌碼戰

而主力之所以買，之所以介入拉抬，當然不是憑藉基本面，而是打籌碼戰。既然是打籌碼戰，一旦主力玩夠了、不玩了，把籌碼丟光了，由於本質不怎麼樣，壓回沒什麼接手，那種跌勢，簡直慘不忍睹呢！

飆股結束價易慘跌

飆股漲勢結束後，結果有多慘呢？請看下面圖 A 合邦月線圖：

266

合邦從 99 年 9 月的 5.85 元起漲，到 91 年 4 月達到 108 元高點，總漲幅 1746%。而其主升段出現在 91 年 1 月下旬至 3 月下旬。二個月的時間內，出現了約 27 根漲停板，就這段期間的走勢來看，絕絕對對是檔飆股。

然而飆完之後的走勢呢？只能用六個字形容——淒淒慘慘淒淒！從此陷入了八年多的大空頭，最低來到 97 年 11 月的 0.63 元，根本是崩盤，截至目前為止（100 年 1 月 28 日），也只有 4.3 元。

慘還有更慘

合邦已經夠慘了，但還有更慘的。

請看圖 B 唐鋒日 K 線圖：

唐鋒自 99 年 6 月 29 日啟動攻勢，直到 8 月 25 日才在 299.5 元成頭反轉。不必算幾根漲停了，光就日 K 線來看，就可知道，這是一檔超強飆股。問題是，當它飆勢結束後，下場之悲慘，實屬空前！

一樣被套，一樣被套在最高點。比較起來，合邦還有機會認小賠跑。因為 108 元高點之

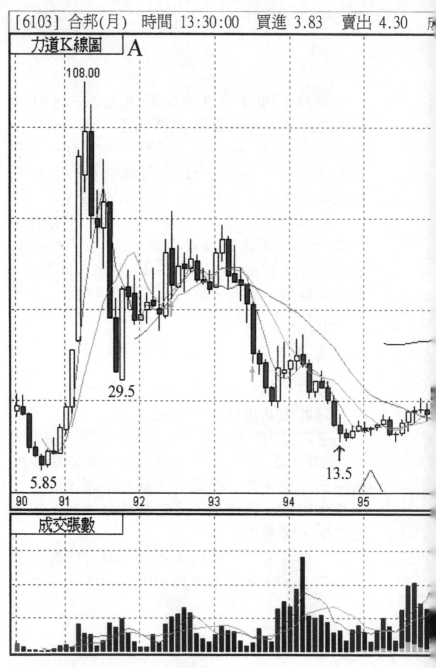

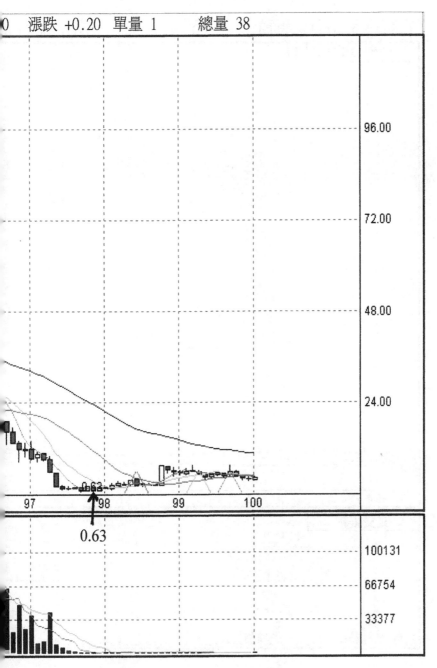

0.63

力道K線圖 ┃B

23.05

99/4　　　　　5　　　　　6

成交張數

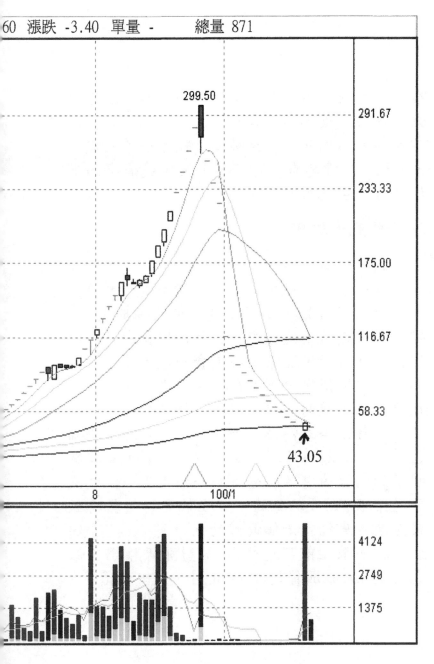

299.50

291.67

233.33

175.00

116.67

58.33

43.05

8　　　100/1

4124

2749

1375

後，是逐漸盤頭而下，緩步下跌（參看圖C），只要懂技術面而即時拔檔，還可「保命全身」。但唐鋒就不同了，一旦被套，就等於羊入虎口，弄得「屍骨無存」的下場！被飆股套牢的下場之慘，由此可知。

進場前先看線圖

該如何避免被飆股套牢呢？

第一要務，進場之前，一定得先看線圖。

9:00至13:30的4個半小時交易時間內，飆股盤中走勢一定強勁，且早早掛出漲停。這種盤中強勢股，就像極品美食一般，讓人食指大動，但請稍安勿躁，在掛單搶進之前，務必花頂多三秒鐘時間看看它的線圖：

1.看是否在高檔？所謂高檔，大約指漲幅已過一倍，越高檔越少買，越不要買（除非有明確的內線消息，知道將漲一倍以上，但這機率通常很低），以免萬一買在最高點，屆時欲哭無淚！唐鋒就是個最好的例子。

2.如果之前都走噴出（開盤漲停鎖死、低成交量、大量漲停掛進），就別在盤中追價了，

因為正常買不到，買到是不正常。但下面的情況，則可酌進，請看圖D天剛日K線圖：

不妨賭一把

天剛自 98 年 6 月 10 日的 19.5 元啟動，到 6 月 26 日時，價已來到 38.3 元（圖中☆①所指處），漲幅近一倍，已屬相對高檔。由於之前三天都是噴出，所以，這一天，照例開出漲停板來，這當然是強勢，但因已漲了不少，故不宜立刻市價追進，沒多久漲停打開，壓回至平盤左右，隨後又立刻揚升，攻抵漲停，在未關門前，不妨買進賭它一把：

a. 如果漲停鎖住，就抱著等明天。

依其原先的慣性原則，若今天能再鎖漲停，則明天可能跳空開漲停，再走一段噴出，那就賺到了。若隔天開平或開高走低，就表示慣性已改變，未來不是整理就是拉回。總之，是漲不了了（至少短線），漲不了的股票就不值得買，當然得拔檔，難不成等著套牢嗎？

b. 如果漲停關不住，就別買，萬一買了收黑K，則宜認小賠沖掉，因為慣性已經改變，

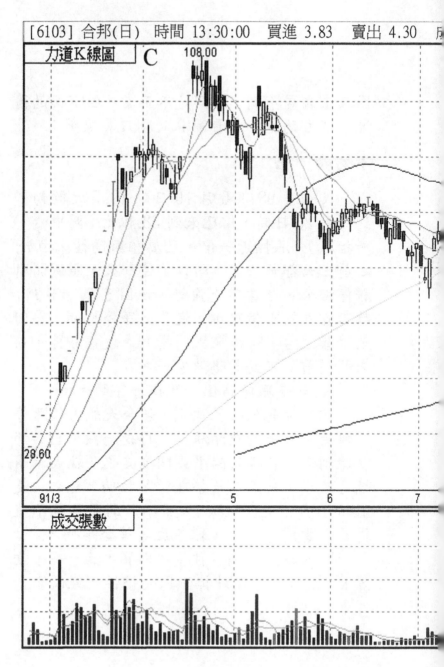

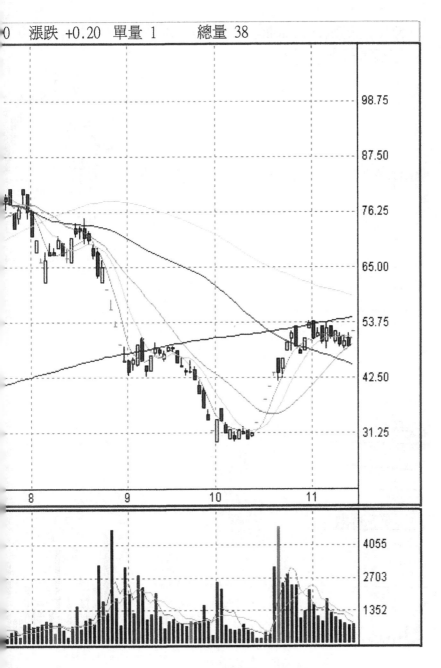

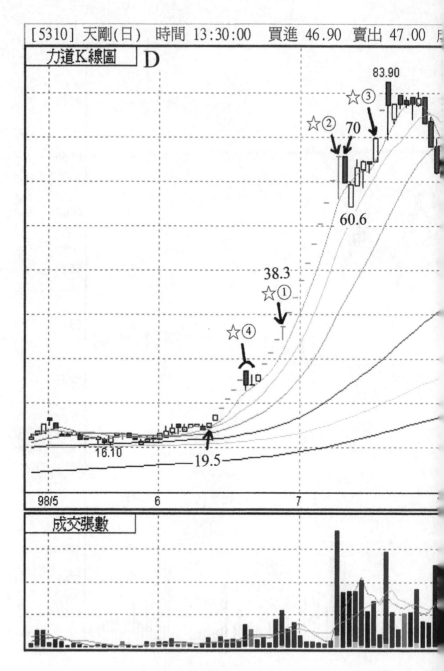

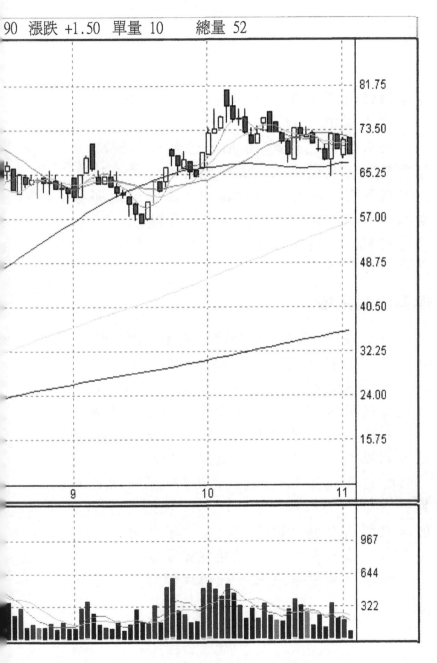

多頭慣性改變的股票，不宜買更不能抱。

再看圖中☆②。

這天股價已來到 70 元，已大漲了 258%，相對於☆①更是高檔。由於先前九天還是噴出，當然不宜在開盤前市價掛進，原因還是那句老話，正常買不到，買到不正常。9 點 30 分時，漲停打開了，請看圖 E 天剛 98 年 7 月 9 日的五分鐘走勢圖：

越高檔越危險

圖中顯示，9 點 30 分時，漲停打開，隨後如自由落體般，直接殺到跌停 62.1 元，再從跌停如沖天炮般直攻漲停，震盪幅度達 14%，代表籌碼極度不安定，再回頭看圖 D 的線圖：

a. 漲幅真的已很大了，漲幅越大，危機越高，利潤空間愈小，更不值得冒險。

b. 這已是第三度漲停打開了，第一次是 6 月中下旬的黑 K 棒（☆④），第二次則是☆①，前二次都是洗盤，但不到收盤，不到明天，除了主力，誰也不知道，這究竟是否出貨？

c. 盤中量愈來愈大，殺到跌停時，早已是

波段最大量。

基於上述三個原因，最好別再進場，因為風險空間已大於利潤空間多多矣！

結果，晃了半天，終場又收漲停，如果還是忍不住買了，不妨觀察第二天的走勢。

高檔慣性改變

依股價運動慣性而言，昨天收漲停的個股，理應開高、走高、守高、收高才是。結果，竟開出個平盤來，這就代表其慣性確已改變矣，這就非走不可了。再不走，不但第三天價壓回至 60.6 元，跌幅近一成，還得忍受五天的套牢，而且，誰也沒把握第六天（☆③）竟還能再創新高而解套？

☆③這天收漲停，隔天即以噴出反應，但第三天雖又順勢開漲停，但只撐了 30 分鐘，漲停就打開了，請看圖 F 天剛的五分鐘走勢圖：

線路圖的警示作用

98 年 7 月 21 日，天剛因前一天噴出，順勢以 83.9 元漲停價開盤並鎖死。9:35 時，漲

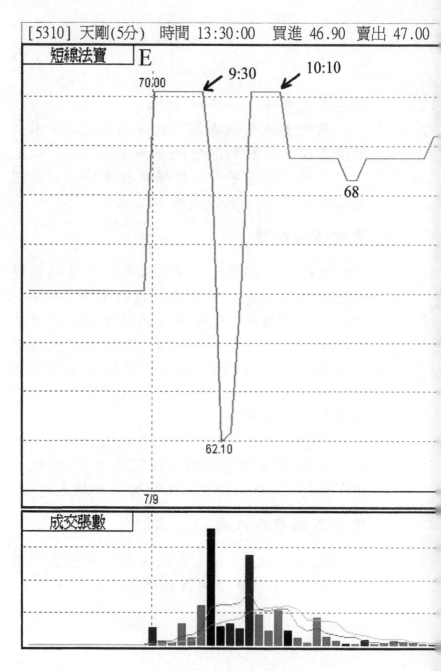

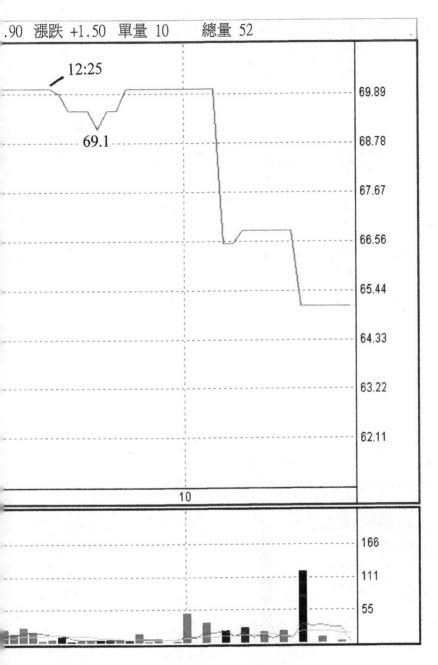

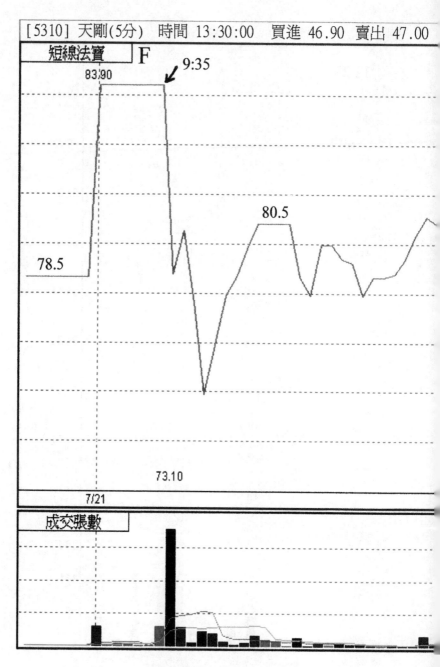

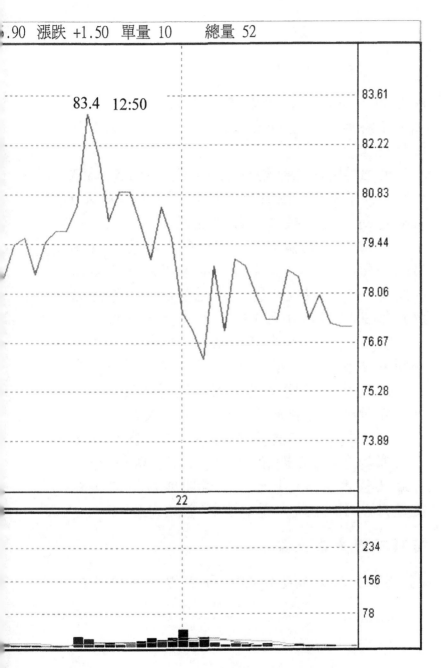

停打開，並以自由落體方式直殺至跌停 73.1 元，這時如果先看過當日線圖，就可發現下列幾個現象：

a. 自 19.5 元啟動以來，總漲幅已達 330%，確已漲了不少，依股市經驗法則，漲幅愈大，風險愈高，是否該買，頗值深思。

b. 前二次洗盤（☆④與☆①）之後都有不錯的漲幅。第一次洗完後，連五根漲停；第二次則有九根。假設☆②也算洗盤的話，怎麼只拉到第三根（83.9 元）就又要洗盤？非但如此，☆②之後，價連整理了五天，比第一、二次時間都要長，為什麼才拉了三根就又要洗盤？

c. 就算是高檔洗盤，也沒洗得這麼兇的，從漲停殺跌停再拉起！但和☆①這天不同的是，跌停拉起，已不再直奔漲停，而只在平盤上不太高的 80.5 元即頓兵不前了。12 點 50 分時，雖又強彈至 83.4 元，但瞬間即被壓回，距收盤只剩 40 分鐘，還能有什麼做為？

苗頭不對走為上策

83.4 元成了此後盤中最高價。這麼多的

284

「反常」，顯示其中必有妖，還是趕緊下車吧！

回頭看圖D，83.9元雖成了此後的大頭，而當時之所以並未立刻因成頭而大跌，是因為當時大盤還處於多頭格局中，暫時把它撐住的緣故

，就算套牢，也只是小套，或許還可以觀望一下？

這種想法，是絕絕對對的錯誤：

a. 那個慘套不是由小套形成的？

b. 多頭市場中，不能立刻漲的股票，就不值得買。買股票的目的是為了上漲賺錢，不是買來套、買來耗、買來觀望的。

c. 把資金凍結在不能賺錢甚至反而賠錢的股票上，會錯失許多能立刻賺錢、賺大錢的個股，這決非高明的股市操作之道。

d. 一旦越套越深，越捨不得砍時，越會砍不下手，但請記住，萬劫不復通常是這樣造成的。

美麗的錯誤——逆勢主力股

　　美麗指的是股價表現亮眼，不斷向上竄升大漲。

　　錯誤指的是指主力罔顧客觀現實而獨行其是。

　　犯了這二大錯的結果，就是股價慘跌，主力大失血。

　　但對聰明而又勇於冒險的投資人而言，主力之不幸反成大幸——絕佳的荷包大進補時機。

　　空頭行情中，有時候會出現一些逆勢大漲股，甚至飆股，讓人匪夷所思！

順勢而為才是王道

　　每個股市高手都知道，想在股海裡撈錢，最聰明、最省事的做法，就是順勢而為——多頭時站多方操作，空頭時站空方操作。道理很

簡單,而這也是歷史經驗不斷地明示的一點。

多頭行情中,絕大數個股都會上漲、大漲;飆股、大飆股更是此起彼落。這是因為,行情走多,代表絕大多數資金都站買方,買了就漲,自然賺錢不難。

反過來說,空頭行情中,大部份資金呈二種動向:撤出、站空方。這時候,多方力道屬絕對弱勢,其間的力量對比,就好像兔子對戰獅子,交手的結果,多頭下場之淒慘,可想而知。

史上第一飆股

先看一檔極美麗而又不犯錯誤的個股。

請看圖 A 中纖週 K 線圖:

圖中顯示,中纖在 76 年 12 月 7 日自 7.9 元啟動攻勢,在 77 年 8 月 12 日攻抵波段高點 156 元。七個多月時間內,股價大漲 1874%。非但如此,在這段漲升期間,共拉出了七十餘根漲停板,創下台股史上,最多連續漲停的紀錄。雖然當時的漲跌幅只有 3%,但其走勢之兇悍,至今無人能出其右。

287

[1718] 中纖(週)　時間 14:30:00　買進 15.85　賣出 15.90

力道K線圖　　A

(7328)
156
(8813)
145.5
(7596
130.5

(5602)
84

7.9(2662)

4.75

77

成交張數

0 漲跌 +0.05 單量 - 總量 9315

(9694)
167.00

157.50

135.00

112.50

(12682)
81.5

90.00

67.50

45.00

22.50

79

167

120935

80624

40312

289

然而，這不是我們所要談的重點。我們所要強調的是，儘管該股走勢凌厲，但主力的操作高明極了——完全順勢而為。

請看圖 B 大盤週 K 線圖，並隨時對比圖 A。

請注意中纖自 7.9 元起漲時，指數為 2662。波段高點 156 元時，大盤還在走多頭行情，但主力已提前完成波段操作了，聰明吧！

順勢藉勢最從容

主力之所以聰明，是多頭行情較容易出貨，因為資金大都站多方。抑有進者，多頭行情中，買盤相對較不理性，只要敢漲、敢拉，就會有人敢買、敢追。主力在這種時候下車，就從容不迫多了。

中纖 156 元（時為 77 年 8 月）之後，出現了著名的「924 大崩盤」。19 天內，指數自 8813 無量重挫至 5602。不止散戶，很多主力也被套牢。但中纖主力因為下車早、下車時間好，雖也順勢自 145.5 元壓回至 84 元，但並未重創。

924 崩盤後，大盤又於 5602 反彈至 7596，

中纖主力也順勢自 84 元攻抵 130.5 元。7596
之後，大盤再度反轉向下，又壓回至 4645，中
纖也順勢自 130.5 元大回檔至 59.5 元，之後
又藉著大盤的強彈，攻抵天價 167 元，當時指
數為 9694，時間為 78 年 5 月 25 日。請注意 167
元之前四周的成交量群都不太小，證明主力出
貨順利，漂亮的完成了超大波段的操作。

　　從技術面上看，中纖主力的厲害之處，就
是順勢藉勢不逆勢，抓住多頭行情正熱時，大
拉特拉。抑有進者，在行情尚未結束時，就提
前下車，決不逆勢操作。對一般散戶而言，這
樣的主力股並不好跟，但對極少數的高手而言
，不但容易操作，而且是荷包大進補的好股啊
！

他傻瓜你聰明

　　順勢藉勢不逆勢才是好主力，才好操作，
才是賺錢良方。反之，若違反這個原則，就不
是高明主力了，不高明的主力不但不值得跟，
反而還應伺機和他打對台，一旦空間點（價）
與時間點（大盤）抓對了，那就是他（主力）

力道K線圖　B

8813
(145)

7328
(156)

7596
(130.5)

5602
(84)

4645
(59.5)

1524.50

2662
(7.9)

77

78

成交金額

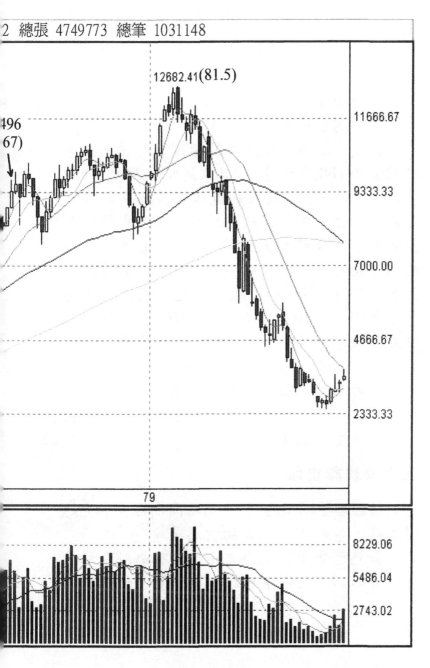

傻瓜你聰明了！

請看圖C寶成日K線圖：

寶成一上市，就照例展開蜜月行情。在第14根漲停108.5元時，大盤來到歷史天價12682。憑良心說，當時沒人知道這是截至目前為止的最大頭部。主力當然也沒那麼神，自然仗著籌碼集中的優勢，無所顧忌地繼續拉。波段高點289元這天，行情已回到11484，距12682已下跌了近1200點，跌幅已近一成，空頭跡象也更明確了些（參看圖D大盤日K線圖）。但主力似無視於現實，硬是在210元及213元「做」了一個技術上的雙底再續攻，然而對比同時間的大盤，根本已處於空頭走勢中，所以，這第二波的攻擊，走勢就沒有第一波那麼爽快直接（噴出）了。

拉過頭就難出頭

請觀察213元至510元之間的成交量，越到高檔，量越小，代表的意思是：

籌碼已集中於主力之手，這不是因為散戶想買買不到，而是不想跟、不願買。一來因為

股價高，而更重要的一點是，行情走大空已確定，資金已轉向空方，主力只是在自拉自唱而已！

主力不敢或不願再往上拉，向上走不成，只有向下打了，由於爬得太高，自然毫不意外地跌得重，一反轉就是崩盤走勢，四個月之內，重挫至31元（79年10月1日），跌幅近94%。

請看圖E厚生日K線圖：

厚生的情況和寶成略有不同：

寶成是先噴出後緩攻（相對而言），厚生則是先緩攻後噴出，但結果則完全相同。

在不正確的時間內犯了美麗的錯誤，下場也一樣淒慘。

圖中左下角62元是厚生上市第一天，當時的大盤已自5459的波段高點（81年1月30日）回跌，技術上呈空頭走勢。所以，蜜月行情沒有寶成強。幸運的是，大盤在81年4月至6月陷入橫盤，並未大跌，主力趁機介入拉抬，波高點達183元，距上市時的60元，漲幅已超過二倍。更重要的一點是，從量棒上看，主力應可趁機出貨，但主力似不以此為滿足

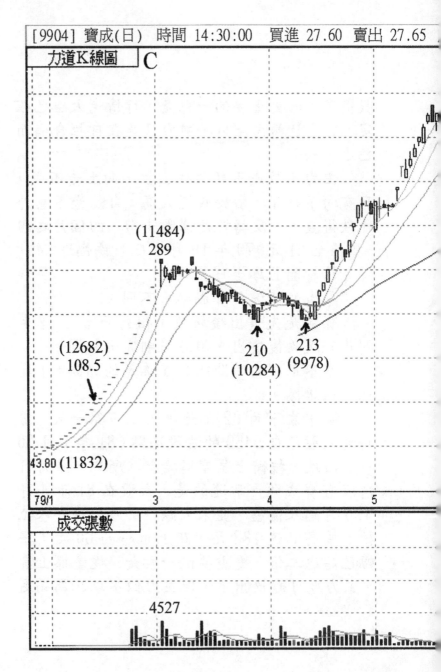

[9904] 寶成(日)　時間 14:30:00　買進 27.60　賣出 27.65

力道K線圖　　C

(11484)
289

(12682)
108.5

210
(10284)

213
(9978)

43.80 (11832)

79/1　　　　3　　　　　4　　　　　5

成交張數

4527

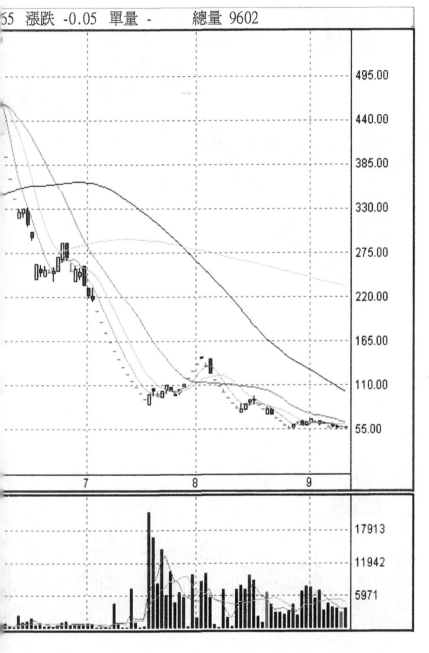

力道K線圖 D 11832 (43.8) 12682.41 (108.5)

78/12 79/1 2 3

成交金額

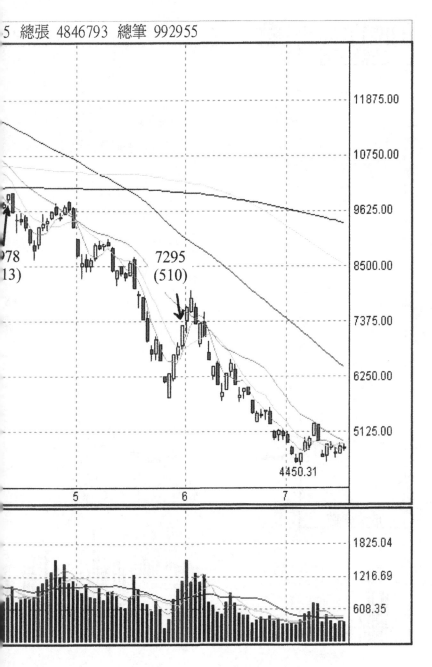

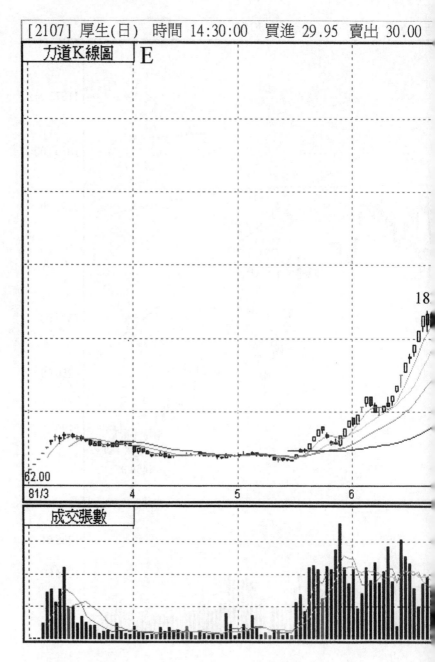

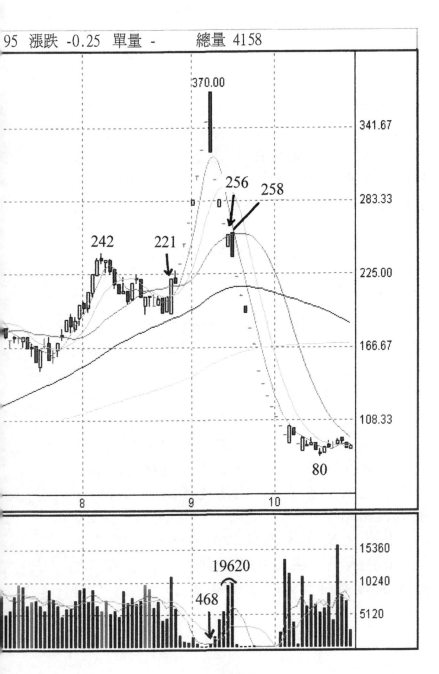

95 漲跌 -0.25 單量 - 　　總量 4158

370.00

341.67

283.33

256　258

242　　221

225.00

166.67

108.33

80

8　　9　　10

19620

468

15360

10240

5120

301

，仍不肯順勢下車，這倒也罷了，麻煩的是，錯估了形勢，6月23日之後，行情又開始走另一波大空頭，指數又自4772大幅壓回至82年1月8日的3098。換句話說，厚生自183元至370元，這一倍的漲升過程，全都處於空頭行情中

，這就注定了其股價未來的悲劇命運。

藉噴出誘多

242元到221元之間，仍有相當成交量，這表示，這期間內，主力若想下車，仍有不錯的機會，然而主力胃口太大了，不但想在高檔出，還想出得漂亮，而其做法就是來一段趕頭行情——連拉八根長紅，藉噴出走勢誘多。

問題是，散戶並不上當，天價370元這天的量，只有極為可憐的468張，這種量決非出貨量，也決出不了貨，向上走不通，只有向下壓低找出路了！

256元及258元這二天，終於出現了共19620張大量，主力總算調節了一些籌碼，之後便開始走崩盤，一路連殺至80元，才暫時

止住跌勢。

因為誤判形勢，造成的價格悲劇，讓人雖不能接受，但可理解，然而下面這檔，就有點讓人難解了，它根本明知山有虎，還偏向虎山行呢！

令人難解的空頭逆勢股

請看圖F佳大日K線圖：

9309（97年5月20日）是個大頭，這是大家都知道的事，當天大盤重挫了226點，技術上是根2.59%的長黑。但同一天的佳大卻是跳空漲停鎖死的超強勢長紅。隨後又強漲至22.9元，而當日大盤已回檔至8794。在形勢偏空的壓力下，主力順勢將價壓回至14.7元，行情也同步挫底至8067，距9309頭部，跌點1242，跌幅13.3%，空頭行情越來越確定。但這一天的14.7元卻成了佳大的真正起漲點。而當行情壓回至波段底部3955時，佳大也攻抵32.7元。

若自19.4元起算，在9309到3955這波空頭中，大盤共跌了57.5%，佳大則是上漲了

力道K線圖　F

(9309)
　19.4
　　22.9(8794)
　　　14.70 (8067)

97/6　　　　7　　　　8　　　　9

成交張數

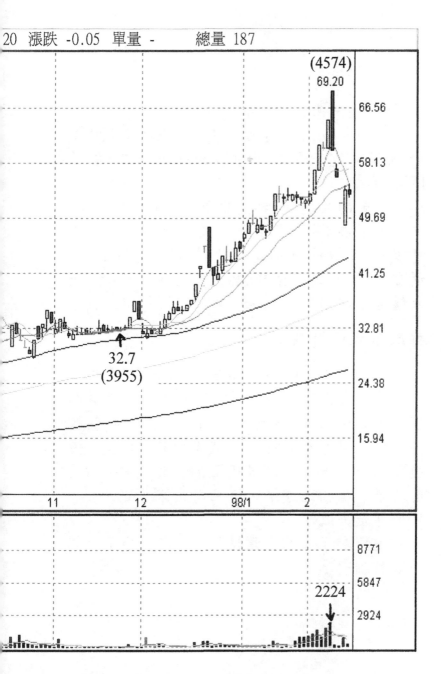

(4574)
69.20

66.56

58.13

49.69

41.25

32.7
(3955)

32.81

24.38

15.94

11　　　　12　　　98/1　　　2

8771

5847

2224

2924

68.5%，這一來一回，就是 126%。

　　若是自 14.7 元起算，佳大共上漲了 122.4％，大盤則是下跌了 50.9%，這一來一回，就是 173.3%。

　　二者的共通點，都是逆勢，而且是大逆勢。

　　大盤在 3955 落底後，展開反彈，二個多月後，來到 4574，幅度不過 15.6%。反觀佳大，則自 32.7 元大漲至 69.2 元，漲幅 111.6%，比大盤強了四倍多。

打底不成而崩跌

　　從量上看，69.2 元這天，不過 2224 張，這種量，決出不了貨。向上拉出不了，只有向下壓，當價回至 53 元左右時，主力在此強撐了一個多月（參看圖 G），試圖打底失敗後，價隨即急轉直下，一路狠殺至 16.55 元才止住，前波辛苦拉抬的成果，全吐了出來，這波操作，算是失敗了！

　　連續看了三檔空頭逆勢股，究竟給了我們什麼教訓呢？

空頭逆勢股的應對

1. 空頭中的逆勢強漲股不能跟，因為空頭中的個股，大都大跌，隨便挑一支放空，都能賺錢，犯不著站在行情對立面，去操作這種逆勢股。

2. 空頭中的逆勢股，就算敢跟，也很難操作。因為不知道主力何時頂不住壓力而棄守，一棄守就會崩盤，讓人想逃都逃不掉。

3. 非但如此，在拉升過程中，有事沒事就來根黑K、甚至大黑K，往往高點還沒到，就被洗掉了，根本看得到吃不到。

4. 最重要的一點是，碰到這種空頭逆勢股，鎖定它、盯著它，一見長黑就空它（假設沒有盤下不可放空的限制），萬一長黑空了，居然又穿頭，不妨認小輸回補。若長黑之後，不能再穿頭，反而頻破底，就表示跌勢已成。空頭逆勢股一旦回跌，往住都走崩盤，那就準備布袋裝鈔票吧！

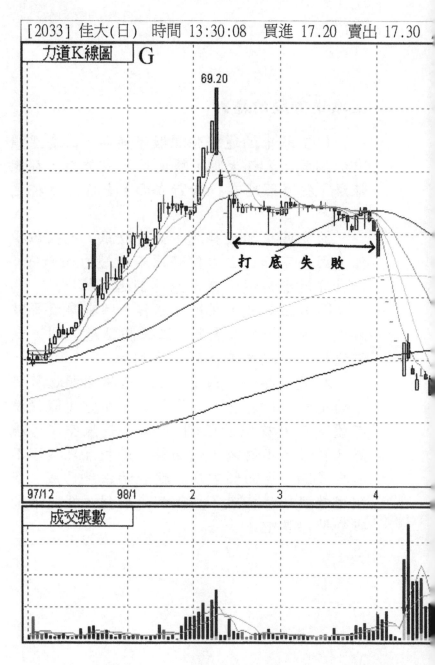

打 底 失 敗

308

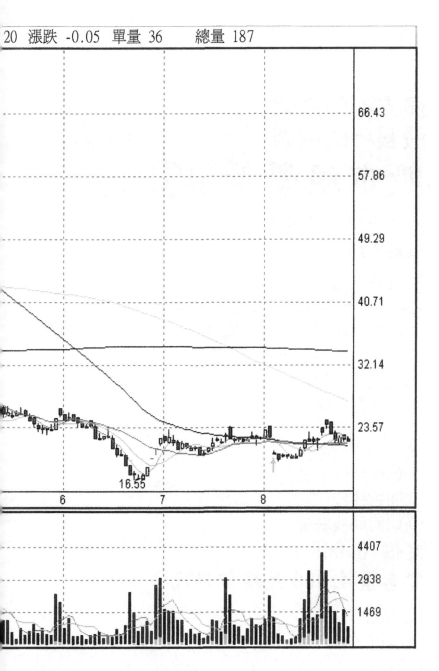

最宏觀的戰略
最靈巧的戰術

股市絕學 VCD①

東山主講　2000 年 8 月錄製
全套十片　每片平均約 50 分鐘

包含十大單元
 1.不敗的鐵布衫——四大決勝戰略
 2.最佳多空指標——平均線
 3.決戰前的料敵致勝——多空研判
 4.空頭行情的操作策略
 5.空頭選股操作
 6.多頭行情的操作策略
 7.多頭選股操作
 8.如何打敗盤整行情
 9.極短線操作
10.如何尋找底部

定價　6,000 元

實售價 4,000 元現貨供應

有了戰略 更要有戰術
第1集告訴您致勝的大原則
第2集則教您達成勝利的方法
所以 看過第1集 更不可錯過第2集

股市絕學 VCD②

東山又於 2001 年 7 月完成的另一套最新力作，
　全套 11 片，平均每片 50 分，第 11 片 40 分

內含 17 個重要單元：

1.進場之前先做什麼？
2.怎麼看線路圖？
3.均線的四個重要多空訊號？
4.如何掌握短線多空易位？
5.第一時間定多空──總論穿頭與破腳
6.如何賣在上漲行情的高點？
7.什麼才是好股票？
8.箱型整理的玄機
9.當行情由全空反彈時的先落底股……
10.上波強勢股本波？勢股？

定價　6,600 元

實售價 4,400 元／現貨供應

打通股市量價任督二脈
接軌財神爺鈔票滾滾來

股市絕學 VCD③

量價合判

所有的市老手都知道，量與價是股市的任督二脈，也是決定多空方向的二大主軸，弄通了它，就等於和財神爺接上軌，搬金取銀，隨性隨心。

　　然而，想和財神爺拉關係、套交情，可不是那麼容易的事，因為量價間的變化牽扯，複雜萬端，就好像孫子兵法中所謂的奇兵與正兵般「奇正相生，如環之無端」，量價間不同位階的互動，有不同的意義，如何解讀其結構，掌握多空致勝最重要的關鍵，請看「量價合判」所做的精密剖析。

2002 年 11 月錄製／東山主講
全套 11 片，每片約 50 分鐘

全套共計十個大題：
①籌碼安定與否主導股價多空
②是看個股呢？還是看大盤？
③解構逢低買進與逢高賣出的玄機
④解構個股爆大量的玄機
⑤看價選股 a——多頭初起的選股

⑥看價選股 b──多頭確定後的選股

⑦看價選股 c──多頭結束後的空頭選股

⑧最強烈的多頭訊號

⑨最強烈的空頭訊號

⑩空頭市場中的多頭陷阱

定價 6600 元　實售價 4400 元現貨供應

VCD①②③一次合購特別優特：
原總價 12,800 元 只收 9,900 元

購買辦法：

①本系列坊間不售，台北地區專人送貨收款，請電(02)22117491，24h 內送達。

②外埠請劃撥 10898165 李張慧民帳戶。

劃撥後，請註明：姓名、地址、電話，連同收據傳真至 22117493(24h)，24 小時內掛號寄。

③也可以另加 150 元，指定「郵局貨到付款」服務，請電(02)22117491。

東山 15 年來最具震撼性全新力作

股市有史以來最細膩、最獨特、最全面的看盤技巧
除盤中走勢迷霧，點破盤中量價玄機，掌握後市多
空

股市盤機ＣＤ

個股盤中強弱解讀與盤中選股／個股與大盤盤中
高低點掌握／由盤中走勢判斷後市多空／當沖／
漲停多空與跌停多空的判讀……等所有看盤技巧

　　無論多空，沒有盤中強（弱）勢，就沒有多
（空）頭排列，沒有多（空）頭排列，就沒有波
段行情。
看盤能力是股市操作最重要的基礎，看不懂盤，
就看不懂線，看不懂線，就會搞不清多空，搞不
清多空，就會腦袋空空，腦袋空空就會兩邊挨轟
，口袋空空。
　　然而，無論大盤或個股，盤中走勢往往迷霧重

315

重，禍福相倚，利機與殺機交錯於其中，只有把盤看懂，才能避開殺機抓住利機，把股市變提款機。

這套「股市盤機」ＣＤ，是東山於 2003 年 10 月 12 日到 11 月 16 日，花了一個多月時間錄製完成的最新力作——絕不重複的全新內容，聞所未聞的觀點、見所未見的技巧……，保證讓您省悟：**原來盤是這樣看的！股票是這樣做的！**

東山主講／全套共 17 片 CD／另附講義：菊 8K(A4) 一百餘頁，內含 162 幅個股、大盤盤中走勢圖及日Ｋ線圖（只送不賣）

全套共計 12 個大講題

1. 漲停成交的強弱多空研判———一樣的買賣漲停不一樣的多空後市（第 1,2 片）。
2. 最強勢的多頭漲停板（第 3,4 片）。
3. 漲停打開和跌停打開（第 4,5,6 片）。
4. 跌停打開的多頭機會（第 6 片）。
5. 個股盤中強弱勢的觀察與判斷（第 7,8,9,10,11,12 片）
   (1) 個股和昨天的走勢相比（第 7,8 片）。
   (2) 個股後半場和前半場相比（第 8 片）。

(3) 個股和大盤相比（第 9,10）。

(4) 個股和所有其它的個股相比（第 11,12 片）。

6.跌停必開觀察法（第 12 片）。

7.可以期待的漲停打開（第 13 片）。

8.最恐怖的多頭陷阱——盤中假多頭大買單(第 14 片)。

9.什麼情況下該當沖（第 14 片）。

10.開盤跳空與盤中補空（第 15,16 片）。

11.大量在下與大量在上（第 16,17 片）。

12.個股盤中瞬間巨量的短線多空解讀（第 17 片）。

實售價 5,100 元　　現貨供應

購買辦法：

1. 本系列坊間不售，台北地區專人送貨收款，請電(02)22117491。

2. 外埠請劃撥 10898165 李張慧民帳戶。劃撥後請將收據附上：姓名、地址、電話，直接傳真至 22117493(24h)即可先掛寄。

3. 也可以另加 150 元採「郵局貨到付款」方式，方法是：
①直接來電聲明訂購。②傳真個人資料（性名、電話、地址）至(02)22117493 聲明採「郵局貨到付款」方式訂購即可。

「從進場到出場」CD
東山主講／全套四片／實售 1,200 元

　　本 CD 是東山在 2002 年 12 月 7 日講習的全程錄音。

　　這個講習最主要的目的是，幫投資人建立一套最簡單、最實用，也是最完整的操作概念與技巧：從進場前的多空判斷？如何多頭操作？如何空頭操作？如何短線進場出場？如何中長線進場出場乃至於操作轉向？最重要的是：如何袪除選股盲點？如何抓到大飆股？如何穩坐「飆馬」，不會半路洗掉，方法簡單、概念清楚，現學即可現用

VCD ＋ CD 合購再優待

股市絕學 VCD①②③
＋股市盤機 CD
＋從進場到出場 CD

只收 14,900 元

牛肉在這裡

A.本社自去年 5 月成立網站(www.da-chin.com)以來，不斷地充實內容，至今已 po 上網約二十萬字，歡迎點閱（免費）：

  1.東山股市操作文章（在東山論壇）已發表 15 萬字以上，目前持續增加中。

  2.李安石：三國史、孫子兵法、諸葛亮兵法已 po 上網約十餘萬字，目前持續增加中。

B.1.「東山股市實戰教學」與「進階班 盤中實戰學」課內容、上課時間、上課地點、報名方法與優惠，網站均有最新最詳盡報導。

  2.東山每週一均有股市作品發表。

  3.李安石將於最近在李安石論壇發表「三國史」最新作。

  4.關於本社、東山、李安石所有重要消息，均會在本網站發布，請隨時上網查詢。

大秦出版社 2011 年 2 月 15 日

新股市絕學③主力在說話

發 行 人：李榮中
法律顧問：李亢和律師
著　　者：東　山
封面設計：黃聖文
出 版 者：大秦出版社
網　　址：www.da-chin.com
登 記 證：局版台業字第 5911 號
營業地址：新北市新店區安民街 65 巷 17 號 2 樓之 2
郵政劃撥：17241221 大秦出版社
電　　話：(02)22117491
傳　　真：(02)22117493
總 代 理：聯合發行股份有限公司
電　　話：(02)29178022
初版一刷：中華民國 100 年 3 月 25 日
定　　價：新台幣 280 元

ISBN978-957-8833-37-1